Verliebt? Schön! Und was nun?
Jim Talley/Bobbie Reed

Jim Talley/Bobbie Reed

Verliebt? Schön! Und was nun?

Editions Trobisch

Die Originalausgabe erschien in englischer Sprache unter dem
Titel: TOO CLOSE TOO SOON
im Verlag Thomas Nelson Publishers, USA

ISBN 3-87827-070-4

Postfach 2048, 7640 Kehl/Rhein

Umschlaggestaltung: Holler Design
Übersetzung: Sabine Thum
Satz: Typo Schröder GmbH & Co. KG, Dernbach
Druck: S.GB Schauenburg Graphische Betriebe, Schwanau

Inhalt

Einführung

Heute sind ca. vierzig Prozent der erwachsenen Bevölkerung alleinstehend. Die Tragödie dieser Statistik besteht darin, daß die Mehrzahl davon wieder allein sind. Dies deutet auf die hohe Scheidungsrate hin.

Die Auflösung einer Ehe bedeutet, daß eine Beziehung gescheitert ist, und zwar häufig deshalb, weil die beiden beteiligten Personen über romantische Liebe in die Ehe geschlittert sind und sich nie die Zeit genommen haben, die Fähigkeiten zu erwerben, die für das Gelingen einer Ehe notwendig sind. Sich in einen Angehörigen des anderen Geschlechts zu verlieben und sich sexuell von ihm angezogen zu fühlen ist keine Garantie für das Gelingen einer Ehe. Eine Ehe ist mehr als Romantik und Sex. Es ist eine dauerhafte Beziehung.

Allzuoft jedoch überleben Beziehungen (Freundschaften, feste Freundschaften oder Ehen) die harte Realität des Alltags nicht. Viele Menschen ziehen eine aufregende Romanze einer komplexen echten Beziehung vor und gehen »Drehtür-Verbindungen« ein: Sie werden ein Paar, gehen miteinander aus, bis die Beziehung sie langweilt, und gehen dann wieder auseinander.

Beziehungen werden aus verschiedenen Gründen abgebrochen: aufgrund unrealistischer Erwartungen, abnehmender Erregung, übermäßiger Konflikte, geringer Fähigkeiten zum Aufbau von Beziehungen oder Mangel an Verständnis zwischen den Partnern. Beziehungen zwischen Männern und Frauen sind komplizierte Interaktionen, die sich nur mit einem bedeutenden Aufwand an Zeit und Energie entwickeln können. Paare, die die verschiedenen Stufen der Vertrautheit überspringen, sind nicht stark genug, die unvermeidlichen Auseinandersetzungen über widersprüchliche Bedürfnisse und Wünsche zu ertragen. In unserer heutigen Welt der Sofortbefriedigung lassen sich viele keine Zeit für das Wachsen einer Beziehung, damit sie sich entwickeln und als stark genug erweisen kann, bevor sie die Ehe eingehen.

Eine kürzliche nichtchristliche Studie ergab, daß etwa fünfundneunzig Prozent aller Alleinstehenden sexuell aktiv werden. Eine bedeutende Anzahl christlicher Paare haben sich dazu entschieden, den weltlichen Standpunkt über sexuelle Freiheit einzunehmen, anstatt Gottes Maßstäben der moralischen Reinheit zu gehorchen. Es kann nicht überraschen, daß ihre Suche nach Vertrautheit in Einsamkeit, Ablehnung und Leid endet.

Dieses Buch behandelt die Beziehungen zwischen Männern und Frauen, die beschlossen haben, in ihrer Freundschaft eine Stufe weiterzugehen, und die Möglichkeiten einer festen Freundschaft entdecken wollen. Man kann Beziehungen verstehen und ihre Entwicklung unter Kontrolle haben, so daß Leid vermieden und dauerhafte Verbindungen aufgebaut werden können.

Der Stoff dieses Buches wurde Hunderten von alleinstehenden Erwachsenen in Jim Talley's Seminaren vorgelegt und von ihnen mit Begeisterung aufgenommen. Dieses Buch gibt Werkzeuge in die Hand, die durch Erfahrung erprobt wurden und sich als wirksam erwiesen haben.

1

Es war einmal

»Als ich Sally zum ersten Mal traf, war es genau wie im Märchen«, vertraute mir Walter an. »Liebe auf den ersten Blick. Musik ... Glockengeläut ... Alles ... außer dem Happy-End. Ich weiß nicht genau, was schiefgelaufen ist, aber ein paar Wochen später war der Zauber verflogen, und wir brachen die Beziehung ab.«

»Ich frage mich, warum Beziehungen so kompliziert sind«, sagte Andy nachdenklich. »Ich höre immer wieder, daß man an Beziehungen arbeiten muß. Ich wuchs in dem Glauben auf, daß sie sich einfach so ergeben: Man trifft jemanden, verliebt sich und heiratet. Ich habe mir niemals ernsthaft Gedanken darüber gemacht, was ich tun müßte, um eine dauerhafte Beziehung aufzubauen.«

»Ich weiß, was du meinst!« warf Carol ein. »Das Arbeiten an einer Beziehung scheint so unromantisch! Aber in den letzten drei Jahren sind bei mir acht Beziehungen in die Brüche gegangen. Ich denke, es wird Zeit, daß ich meine Einstellung neu überdenke.«

Viele alleinstehende Erwachsene können sich mit diesen Personen identifizieren, denn zwischenmenschliche Beziehungen in der heutigen Zeit sind kompliziert und sehr zerbrechlich. Den Schmerz über eine zerbrochene Beziehung erleben die meisten Menschen mindestens einmal in ihrem Leben.

Warum sind Beziehungen so zerbrechlich?

Die Liebesbeziehung zwischen Mann und Frau kann die stärkste Einheit der Gesellschaft sein, die fähig ist, jedes Problem – sei es äußerlich oder innerlich – zu überleben. Warum sind dann viele Beziehungen zwischen Mann und Frau so zerbrechlich, daß sie angesichts geringfügiger Herausforderungen in die Brüche gehen? Vielleicht nehmen wir uns nicht die Zeit, um die Dynamik von Beziehungen zu verstehen oder angemessene Fähigkeiten für den Aufbau einer Beziehung zu erwerben!

Viele Menschen wachsen in dem Glauben auf, daß es irgendwo in der Welt eine Person gibt, ohne die das Leben für immer unvollkommen und mit der zusammen das Leben automatisch wie im Paradies sein wird. Das einzige Problem, das wahrgenommen wird, ist, *diesen einzigen* zu finden und zu erkennen.

Dieses Märchen wird am Leben erhalten in Tausenden von romantischen Romanen, die jedes Jahr verschlungen werden, in Hunderten von sentimentalen Kinofilmen mit leidenschaftlichen Szenen und sanfter Musik und in dem Versprechen romantischer Erfüllung, das man in fast jeder Fernsehwerbung sehen kann. Selbst Zeitschriften für Männer und Modezeitschriften halten den idealen »Spielkameraden« oder fürsorglichen Liebhaber hoch. Wie könnte eine solch populäre Idee falsch sein? *Weil sie es ist!*

Zum einen werden bei der Trauung keine Garantien für ein ganzes Leben ausgehändigt und zum anderen wird häufig eine ganze Skala gegenseitiger Gefühle als wahre Liebe interpretiert. Bei Vernarrtheit, sexueller Anziehung und romantischer Zuneigung fühlen sich die Betreffenden in der Gegenwart des geliebten Gegenübers so wohl, daß sie die Erfahrung als »wahre Liebe« bezeichnen, und erwarten, daß es fürs Leben sein wird. Wahre Liebe ist jedoch mehr als schöne Gefühle. Wahre Liebe ist die Entscheidung, in das Leben der geliebten Person zu investieren, nicht nur, wenn man dabei ein schönes Gefühl hat, sondern auch wenn man sich nicht so danach fühlt.

Wir sehen also, daß eine Romanze nicht mit einer dauerhaften Beziehung gleichzusetzen ist. Für die Entwicklung einer Beziehung muß man Zeit und Arbeit investieren; romantische Liebe dagegen ist ein positives Gefühl für eine andere Person. Eine Romanze ist bestenfalls ein kurzes Zusammentreffen. Trotzdem neigen wir dazu, eine Romanze zu suchen, und glauben dabei irgendwie, daß eine dauerhafte Beziehung im Angebot enthalten sein wird. So werden in der heutigen Wegwerfgesellschaft Beziehungen hastig geplant und bei den ersten Anzeichen von Konflikten und Enttäuschungen leicht wieder aufgegeben, da man nach dem Zauber der augenblicklichen Liebe sucht.

Es gibt verschiedene Gründe, warum Menschen diesem Traum nachhängen, anstatt sich die Zeit zu nehmen, die Fähigkeiten zu entwickeln, die zum Aufbau einer dauerhaften Beziehung notwendig sind.

Eine eher oberflächliche Gesellschaft

Früher hatte die Gesellschaft strenge Regeln für die Interaktion von Männern und Frauen. Die Zeit, die sie allein zusammen verbringen durften, war begrenzt; ihre Rendezvous wurden sorgfältig überwacht. Da das Werben um eine Frau nur gestattet war, nachdem ein Mann die Erlaubnis erhalten hatte, einer Frau ernsthafte Aufmerksamkeit zu schenken, wurde die Entscheidung, sich in eine solche Beziehung zu begeben, nicht impulsiv getroffen. Es wurde erwartet, daß man seine Verpflichtungen einhielt.

Der heutige unverbindliche Lebensstil hat den Menschen fast die völlige Freiheit gegeben, sich nach Belieben zusammenzufinden und wieder auseinanderzugehen. Wenn man nur tut, wozu man Lust hat, wird man niemals dauerhafte Beziehungen aufbauen können. Tritt nämlich ein Konflikt auf, fühlt man sich oft am wohlsten, wenn man auseinandergeht!

Ein Wandel im Sexualverhalten

Die heutige Gesellschaft akzeptiert im allgemeinen biblische Prinzipien sexueller Moral nicht mehr. Sex wird als normaler Bestandteil einer festen Freundschaft angesehen, und Paare leben sehr häufig zusammen, entweder bevor sie heiraten oder anstelle zu heiraten. Folglich treffen sich zwei Alleinstehende, fühlen sich zueinander hingezogen und werden intim, ohne sich wirklich zu einer dauerhaften Beziehung zu verpflichten.

Da viele alleinstehende Christen diese sexuelle Freiheit auch übernommen haben, mögen sich Singles, die entschlossen sind, außerhalb der Ehe nicht sexuell aktiv zu werden, in der Wahl ihrer Partner sehr eingeschränkt fühlen.

Die Unfähigkeit, Beziehungen aufzubauen.

Weil man an dem Märchen festhält, daß der ideale Partner eine ideale Ehe garantieren wird, nimmt man sich nicht die Zeit, zu lernen, wie man eine dauerhafte Beziehung aufbaut. Um eine solide Verbindung aufzubauen, muß man verstehen, wie sich Beziehungen entwickeln, sich der Beziehung verpflichten und bereit sein, als Partner in der Beziehung zu reifen. Dies erfordert viel Energie und Übung, aber die Ergebnisse beweisen, daß die Mühe sich lohnt.

Bestätigung des Märchens

Manchmal scheint das Märchen von der »Liebe auf den ersten Blick« Wirklichkeit zu werden. Es ist unvermeidlich, daß man sich wenigstens einmal im Leben verliebt. Es ist phantastisch! Es ist genau so, wie es diese Märchen versprechen und noch schöner! All die alten Sprüche über die Liebe scheinen neu und ausschließlich für uns geschaffen zu sein. Liebe ist tatsächlich etwas Wunderbares.

Das Leben wird aufregender, wenn wir verliebt sind. Wir strahlen vor Begeisterung. Das Zusammensein mit unserem Geliebten ist so wunderbar, daß das Getrenntsein eine Qual ist. Das romantische Hoch durchdringt unser ganzes Leben und läßt die Zukunft heller erscheinen, als wir sie uns je vorstellten! Und unsere Folgerung ist, da die Romanze so wurde, wie wir es erwartet hatten, muß der Rest des Traumes auch wahr sein: Dieses Gefühl wird nie vergehen!

Doch dann, wenn die Realität dazwischentritt, erkennen wir, daß die Beziehung nicht ganz vollkommen ist. Wir sind über die Romanze enttäuscht und geben uns selbst oder unserem Partner die Schuld daran, daß sich unser Traum zerschlagen hat.

Unglücklicherweise wird der Partner häufig zusammen mit dem Märchen aufgegeben und das Potential für eine echte Beziehung nicht entwickelt. Dies wäre aber notwendig. Der Schlüssel zum Aufbau einer starken und beständigen Verbindung ist, die Entwicklung einer Beziehung zu verstehen und unter Kontrolle zu haben.

Kann man Beziehungen verstehen?

Eine Beziehung ist eine vertraute Verbindung zwischen zwei Menschen. Je vertrauter zwei Menschen werden, um so bedeutsamer ist die Beziehung. Ein Bekannter wird zu einem guten Freund, indem wir den Grad der sozialen Vertrautheit erhöhen und uns dieser Person anvertrauen. Unter unseren vielen Freunden des anderen Geschlechts ist derjenige, mit dem wir eine feste Freundschaft eingehen, der, mit dem wir eine größere emotionale und/oder körperliche Vertrautheit entwickeln.

Sofortige Vertrautheit

Wir müssen uns jedoch davor in acht nehmen, sich zu schnell näherzukommen und fälschlicherweise anzunehmen, daß eine solche Vertrautheit eine dauerhafte Beziehung garantiert. Wenn zwei Menschen beginnen, sich in einer Beziehung näherzukommen, empfinden sie schöne Gefühle. Ja, der Grad der Erregung hängt davon ab, wie schnell sie miteinander vertraut werden.

Karin erzählt: »Am ersten Abend, als Bob zu unserer Singles-Gruppe kam, lud er mich anschließend zu einem Kaffee ein. Wir saßen da und redeten stundenlang. Ich hatte das Gefühl, ihn schon immer zu kennen! Ich erzählte ihm Dinge, die ich nie jemand anderem anvertraut hatte, und er verstand genau, wie ich empfand. Wir trafen uns nach diesem Abend jeden Tag. Eine Woche später machte er mir einen Heiratsantrag, und ich nahm ihn an. Er war der aufregendste Mann, den ich je getroffen hatte! So einfühlsam. So verständnisvoll.«

Auch Bob erinnert sich an diese anfängliche Faszination. »Ich dachte, Karin sei das attraktivste Mädchen, das ich je gesehen hatte. Und sie war intelligent. An diesem ersten Abend wünschte ich mir ständig, sie zu berühren. Sie war so süß. So sexy. Ich mußte sie jeden Tag sehen. Als ich entdeckte, daß sie mich liebte, wußte ich, daß sie die für mich bestimmte Frau war. Wir mußten einfach heiraten!«

Karin hatte schon mit vielen anderen Jungen geredet, und Bob hatte andere Mädchen geküßt; aber, weil sie sich in eine vertraute Beziehung hineinstürzten, hielten sie Erregung und Romantik für echte Liebe. Nachdem sie einen Monat verheiratet waren, entdeckten Karin und Bob recht bald, daß die anfängliche Erregung nicht fortbestehen kann, sobald man unerfüllte Wünsche erkennt. Vier Monate später trennten sie sich enttäuscht und desillusioniert und reichten die Scheidung ein.

Karin und Bob sind leider keine Einzelfälle. Viele Menschen wechseln innerhalb kurzer Zeitabstände von einer Beziehung zur anderen und halten niemals lange genug inne, um starke, dauerhafte Beziehungen zu entwickeln. Sobald der Nervenkitzel einer Beziehung nachläßt, suchen sie statt dessen eine neue Verbindung und geben die alte auf.

Manchmal steckt hinter dem Wechsel von einem Verhältnis zum anderen weniger die Suche nach der Erregung einer neuen Beziehung als das Vermeiden einer dauerhaften Bindung. Manche benutzen diese Taktik als Kontrolle, die verhindert, daß sie sich in Beziehungen emotional zu stark einbringen. Würde solch ein Alleinstehender heiraten, würde auch in der Ehe die emotionale Bindung an den Partner fehlen.

Vertrautheit entwickeln

Eine zwischenmenschliche Beziehung entwickelt sich über verschiedene Stufen der Vertrautheit. Um unsere Konzepte über Beziehungen darzustellen, werden wir ein von Jim entwickeltes Modell, das »Talley-Graph-Modell für die Entwicklung von Zweierbeziehungen«, verwenden. Das vollständige Modell finden Sie in Kapitel 10. Wir werden es jedoch abschnittsweise betrachten. Abbildung 1-1 zeigt den Grad der Verbindlichkeit und die Entwicklung einer Beziehung vom Standpunkt eines Mannes aus gesehen.

Im Freundschaftsstadium werden Paare im sozialen und im Freizeitbereich, auf geistlicher, intellektueller und kommunikativer Ebene miteinander vertraut. Es entwickelt sich eine tiefe, ruhige, dauerhafte Zuneigung, die auf gegenseitigem Respekt und Achtung aufgebaut ist. Eine Freundschaft ist intellektueller und weniger emotional als romantische Liebe –

und ist ohne sexuelle Komponente. Die Norm für ein angemessenes Verhalten in einer Freundschaft mit einer Person des anderen Geschlechts ist daher, nur das zu tun, was man mit ruhigem Gewissen auch mit einem Freund des gleichen Geschlechts täte.

Wenn zwei Menschen eine feste Freundschaft beginnen und sie einander näherkommen möchten, überschreitet ihre Beziehung das Freundschaftsstadium und bezieht emotionale und körperliche Vertrautheit mit ein. Körperliche Vertraulichkeiten wie Händchenhalten und Küssen sind die ersten Anzeichen dafür, daß aus einer Freundschaft eine feste Freundschaft geworden ist. Bald wird man beobachten, daß das Paar Arm in Arm spazierengeht oder sich berührt, was fast wie ein Zeichen körperlicher Inbesitznahme wirkt. Zu diesem Zeitpunkt, wenn ein Paar unzertrennlich ist, werden die Partner häufig im emotionalen Bereich besitzergreifend und zeigen Vertrautheit, während sie Sehnsucht nach dem anderen haben, Tränen wegen ihm vergießen, einander verteidigen und sich vollkommen verpflichtet fühlen.

Der nächste Schritt – die Vertrautheit auf sexuellem Gebiet – sollte nach Gottes Plan nicht vor der Heirat des Paares vollzogen werden.

Einer der Faktoren, die den Aufbau einer Beziehung erschweren, ist, daß sich bei Männern und Frauen Vertrautheit in der Regel verschieden entwickelt. Bei Männern geht die körperliche Vertrautheit häufig der emotionalen Verbundenheit voraus; Frauen bauen dagegen erst eine emotionale Beziehung auf, bevor sie sich ihrem Freund körperlich nahe fühlen (siehe Abbildung 1-2). Wenn ein Paar nicht versteht, daß die Reihenfolge der Entwicklung bei ihnen beiden unterschiedlich ist, werden natürlich Konflikte auftreten.

Wenn eine Frau glaubt, daß der körperliche Kontakt der emotionalen Vertrautheit folgt, nimmt sie vielleicht an, daß ihr Partner sich der Beziehung ebenso emotional verpflichtet fühlt wie sie, wenn er sie berühren, umarmen und küssen will. Da bei der Entwicklung der Beziehung der Frau sexuelle Intimität der nächste Schritt ist, erwartet sie einen Heiratsantrag, sobald ihr Partner anfängt, sich ihr körperlich zu nähern. Für sie ist das vollkommen logisch, aber für ihn wahrscheinlich erschreckend!

An diesem Punkt endet oft die Beziehung. Es kann sein, daß der Mann – völlig überrascht von der Tiefe der emotionalen Bindung der Frau an ihn (nur weil er begann, ihr einen Gutenachtkuß zu geben und bei Verabredungen mit ihr zu schmusen) – sich zurückzieht und erklärt, daß er für eine dauerhafte Beziehung nicht bereit ist. Oder die Frau entdeckt, daß ihr Partner »sie nicht so liebt wie sie ihn« und fühlt sich so abgewiesen, daß sie sich von jeglichem körperlichen Kontakt zurückzieht. Vom Standpunkt ihres Partners kehrt die Beziehung damit zum Freundschaftsstadium zurück, und er ist frei, eine feste Freundschaft mit einer anderen Frau einzugehen (siehe Abbildung 1-3).

Weil sich bei Mann und Frau die Beziehung unterschiedlich entwickelt, reagiert jeder anders auf die Beendigung einer festen Freundschaft. Der größte Schmerz rührt daher, daß man eine Beziehung verliert, die emotionale Vertrautheit erreicht hat, weil man sehr viel von sich selbst in die Beziehung investiert hat. Frauen, die dazu neigen, sich nach dem Freundschaftsstadium zuerst emotional zu binden, sind in der Regel tiefer verletzt, wenn eine Beziehung zerbricht. Den Männern dagegen – die erst emotional beteiligt sind, nachdem die Partner einige Zeit körperliche Vertraulichkeiten ausgetauscht haben –, fällt es in frühen Stadien leichter, eine feste Freundschaft zu lösen.

Anstatt das Verhältnis aufgrund des fehlenden Verständnisses dafür, wie sich Beziehungen entwickeln, aufzulösen, kann es auf der anderen Seite sein, daß sich beide Partner viel zu schnell emotional aneinanderbinden. Der Mann beginnt vielleicht, sich der Frau körperlich zu nähern, und die Frau reagiert, indem sie sich hastig emotional engagiert und ihre Liebe durch den nun stattfindenden körperlichen Kontakt ausdrückt. Weil die körperliche Nähe erregend und befriedigend ist, gibt der Mann möglicherweise ein Eheversprechen, ohne dabei emotional genügend beteiligt zu sein, und das Paar beschließt zu heiraten. Das Problem einer solchen Beziehung liegt in der fehlenden Tiefe.

Es braucht Zeit, damit sich wahre Vertrautheit entwickeln kann. Es ist nötig, daß durch eine Reihe gemeinsamer Erfahrungen in jedem Bereich der Beziehung Vertrauen aufgebaut wird. Diese Erfahrungen stellen die Vorstellungen, die jeder sich vom anderen gemacht hat, auf die Probe. Weder eine einmalige Erfahrung emotionalen »Einsseins« noch ein Gefühl einer sofortigen Harmonie können vollkommene emotionale Vertrautheit, die auf Vertrauen basiert, ersetzen.

Die Erkenntnis und das Bejahen der Tatsache, daß körperliche und emotionale Vertraulichkeiten für Männer und Frauen normalerweise unterschiedliche Prioritäten haben, ist der erste Schritt zur Lösung der Probleme, die durch diese Unterschiede verursacht werden. Der zweite Schritt ist, miteinander Geduld zu üben. Die Frau muß ihre Gefühle zurückhalten, bis ihr Partner bereit ist, sich in der Beziehung emotional zu engagieren. Ein Mann muß von körperlichen Vertraulichkeiten absehen, bis er das Bedürfnis seiner Partnerin nach seiner emotionalen Beteiligung erfüllen kann. Der Prozeß sollte von keinem der Partner erzwungen werden, da Entscheidungen in diesem Bereich persönlich sind, sich im Innern eines Menschen abspielen und getroffen werden, wenn die Zeit dazu reif ist.

Romanze contra Liebe

Eine Romanze macht Spaß! Sie ist aufregend! Aber sie hält nicht an! Sie wurde beschrieben als:

... romantisierter Egotrip, der von keinem der Partner als solcher erkannt wird
... Quelle eines neuen und wundervollen Selbstbildes
... sofortige, jedoch vorübergehende Erlösung von Einsamkeit
... gemeinsame traumhafte Vision von sich selbst und seinem Partner
... von äußeren Hindernissen oder Kontrollen entfacht
... ein Gefühl zum Genießen.

Wahre Liebe ist dagegen die Bindung, die entsteht, wenn die Partner lernen, einander zu beschenken, die wichtigsten Interessen des anderen über die eigenen zu stellen und sich gegenseitig aufrichtig anzunehmen. Nach 1. Korinther 13 ist wahre Liebe:

... lebensnotwendig
... langmütig
... aufbauend
... nicht besitzergreifend
... nicht prahlerisch
... nicht eingebildet oder egozentrisch
... verhält sich nicht ungehörig
... ist selbstlos
... nicht leicht erregbar
... nicht rachsüchtig
... freut sich nicht über das Böse
... freut sich über die Wahrheit
... erträgt, duldet alles
... hat Vertrauen
... hört niemals auf!

Welch ein Maßstab! Wahre Liebe fällt uns nicht einfach in den Schoß. Sie muß vielmehr von zwei Menschen, die sich einander verpflichtet haben und Gott in ihrem Leben den ersten Platz einräumen, sorgfältig aufgebaut werden.

Machen Sie nicht den Fehler, eine Romanze für Liebe zu halten, wenn Sie mit der besonderen Person in Ihrem Leben eine bedeutsame Beziehung aufbauen. Nehmen Sie sich Zeit, Ihre Erwartungen und Annahmen über Ihren Partner zu überprüfen, während sich in Ihrer Beziehung eine endgültige, vollkommene Vertrautheit entwickelt. Arbeiten Sie in jedem Stadium der Beziehung daran, eine starke Einheit zu erzielen.

Abbildung 1-1

Grad der Verbindlichkeit und Entwicklung einer Beziehung

Verbindlichkeit Männer	Entwicklung der Beziehung	
Sexueller Bereich	Ehe	abhängig
		regelmäßig
		Leidenschaft
		Petting
Emotionaler Bereich	Feste Freundschaft	einander verpflichtet fühlen
		gegenseitig verteidigen
		Tränen vergießen
		Sehnsucht
Körperlicher Bereich		hingezogen fühlen
		Zärtlichkeiten
		Küssen
		Berühren
Sozialer Bereich	Freundschaft	Vertraute Freundschaft
		Gute Freundschaft
		Lockere Freundschaft
		Bekanntschaft

Abbildung 1-2

Vergleich des Grades der Verbindlichkeit und der Entwicklung bei Mann und Frau

Verbindlichkeit Mann	Entwicklung der Beziehung		Verbindlichkeit Frau	Entwicklung der Beziehung	
Sexueller Bereich	Ehe	Abhängig	Sexueller Bereich	Ehe	Abhängig
		Regelmäßig			Regelmäßig
		Leidenschaft			Leidenschaft
		Petting			Petting
Emotionaler Bereich	Feste Freundschaft	Sich einander verpflichtet fühlen	Körperlicher Bereich	Feste Freundschaft	Hingezogen fühlen
		Gegenseitig verteidigen			Zärtlichkeiten
		Tränen vergießen			Küssen
		Sehnsucht			Berühren
Körperlicher Bereich		Hingezogen fühlen	Emotionaler Bereich		Sich einander verpflichtet fühlen
		Zärtlichkeiten			sich gegenseitig verteidigen
		Küssen			Tränen vergießen
		Berühren			Sehnsucht
Sozialer Bereich	Freundschaft	Vertraute Freundschaft	Sozialer Bereich	Freundschaft	Vertraute Freundschaft
		Gute Freundschaft			Gute Freundschaft
		Lockere Freundschaft			Lockere Freundschaft
		Bekanntschaft			Bekanntschaft

Abbildung 1-3

Reaktion von Mann und Frau auf den Abbruch einer Beziehung

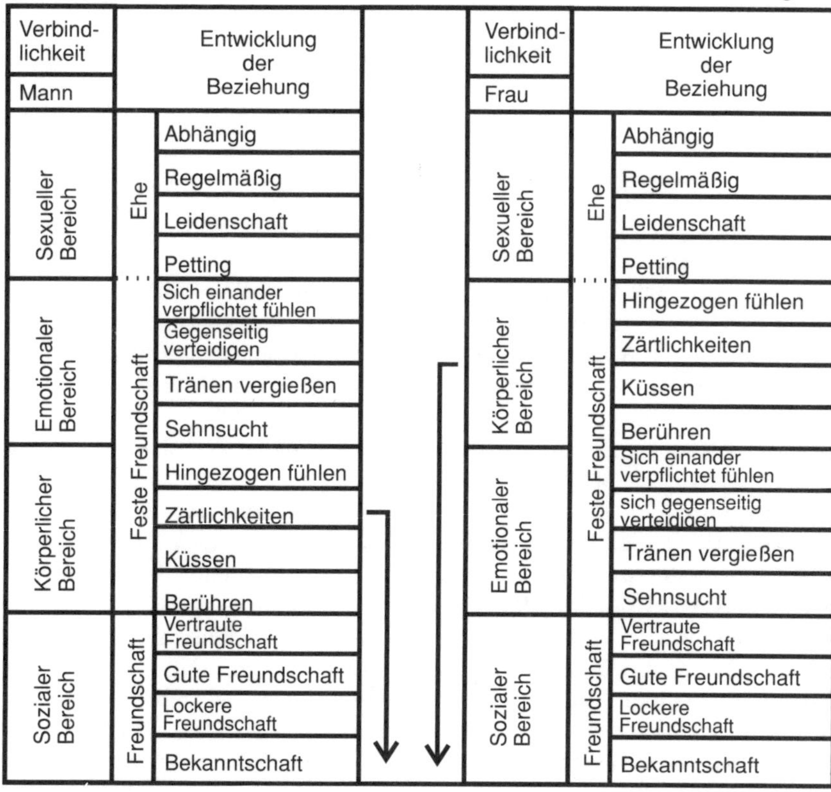

In diesem Beispiel war die Beziehung bis zum körperlichen Bereich fortgeschritten. Das Paar tauschte Zärtlichkeiten aus. Für den Mann bedeutete die Rückkehr zur Stufe der guten Freundschaft eine weniger einschneidende Veränderung als für die Frau, die sich der Beziehung schon emotional verpflichtet fühlte.

2

Die Zeit: Freund oder Feind?

Als Jim eines Abends den Hörer abnahm, hörte er eine leicht hysterische Stimme am anderen Ende der Leitung.

»Was soll ich tun?« fragte Virginia, eine der alleinstehenden Frauen seiner Bibelstudiengruppe. »Ich weiß nicht, wie es passierte, aber ich habe ein Problem! Der Mann, mit dem ich befreundet bin, drängt mich tatsächlich, mit ihm ins Bett zu gehen, und ich habe ihn doch erst vor einigen Tagen getroffen!«

Jim bat sie, von vorn zu beginnen, und fragte sie, ob sie viel Zeit miteinander verbracht hätten.

»Eigentlich nicht«, antwortete sie, dann änderte sie ihre Antwort, während sie die Geschichte erzählte. Dieser Mann hatte in ihrem Büro zu arbeiten begonnen. Virginia war dazu bestimmt worden, ihn in Firmenpolitik und Arbeitsabläufe einzuführen, was bedeutete, daß sie den ganzen Tag (ungefähr acht Stunden) sehr eng zusammenarbeiteten und dabei miteinander bekannt wurden. Sie verstanden sich so gut, daß sie am ersten Abend miteinander ausgingen (sechs Stunden). Am nächsten Tag nach der Arbeit (acht Stunden) war er mit Virginia zum Abendessen nach Hause gekommen, und sie hatten den Abend zusammen verbracht (sieben Stunden). Während des dritten Tages bei der Arbeit (acht Stunden) und bei ihrer abendlichen Verabredung (sechs Stunden) hatten sie weiterhin viel Spaß miteinander. Nach der Arbeit (acht Stunden) am vierten Tag gingen sie nicht aus, aber er begann starken Druck auf sie auszuüben, sie möge sich einverstanden erklären, mit ihm zu schlafen.

»Ihr seid nicht miteinander ausgegangen, das heißt, ihr habt am Telefon miteinander gesprochen, ja?« fragte Jim. »Wie lange habt ihr miteinander gesprochen?«

Es entstand eine kleine Pause. »Acht Stunden«, gab Virgina verlegen zu. »Ich verstehe, was du sagen willst. Wir waren viel zu schnell zu viele Stunden zusammen, nicht wahr?«

Ja, Virginia. Mehr als fünfzig Stunden in vier Tagen ist zu viel, in solch einem kurzen Zeitraum.

Ein Modell für die Entwicklung von Zweierbeziehungen

Die Entwicklung einer Beziehung hängt teilweise mit der Zeit zusammen, die ein Paar miteinander verbringt. Zur Veranschaulichung stellen Sie sich die Entwicklung der Beziehung über einen Zeitraum von mehreren Monaten vor (siehe Abbildung 2-1).

Dann schauen Sie sich an, wie sich die miteinander verbrachten Stunden über diese Monate hinweg addieren (siehe Abbildung 2-2).

Dieses Modell benutzt zwar eine willkürliche, aber, wie wir glauben, angemessene Zahl von dreihundert zu zweit verbrachten Stunden, um zu zeigen, wie sich eine Beziehung von einer Bekanntschaft zu einem sexuell aktiven Verhältnis entwickelt. Wenn Sie sich Abbildung 2-3 anschauen, stellen Sie fest, daß die Kurve, die die Beziehung darstellt, durch die miteinander verbrachten Stunden bestimmt wird.

Zwei Personen können jahrelang befreundet sein und viel Zeit allein miteinander verbringen, ohne daß eine feste Freundschaft entsteht. Die miteinander verbrachte Zeit wird nur dann bedeutsam, wenn ein Paar plötzlich entdeckt, daß sie mehr als Freunde sind.

Die tatsächliche Stundenzahl, die zwei Personen miteinander verbringen können, bevor sie intim werden, wird natürlich von Paar zu Paar variieren und hängt von den Betroffenen ab. Partner, die schon einmal verheiratet waren oder außerhalb der Ehe sexuell aktiv waren, befinden sich möglicherweise, schon lange bevor sie dreihundert Stunden allein zusammen verbracht haben, in Schwierigkeiten. Paare, deren Terminkalender oder Wohnorte verhindern, daß sie oft Zeit miteinander verbringen, finden die dreihundert-Stunden-Grenze möglicherweise unbedeutend, da sich diese Stunden bei ihnen über einen Zeitraum von mehreren Jahren verteilen. Dennoch wollen wir zum Zweck dieses Modells die Zahl dreihundert als Mittelwert verwenden.

Das Schaubild zeigt auch, daß das Hochzeitsdatum nicht vor dem siebten Monat einer Beziehung liegen sollte, das heißt, daß die allein zusammen verbrachte Zeit über mehrere Monate verteilt wurde. Sieben Monate ist nur eine durchschnittliche Zeitdauer einer festen Freundschaft vor der Hochzeit. Ein Paar muß viele Erfahrungen miteinander teilen und einander in einer Vielfalt von Umgebungen und Situationen erleben, um sich wirklich gegenseitig kennenlernen zu können. Bevor ein Paar heiratet, muß genügend Zeit vorhanden sein, daß die romantische Erregung angesichts der Realität schwindet und die Stärke der emotionalen Bindung durch die Zeit erprobt werden kann.

Kann man Beziehungen unter Kontrolle haben?

Wenn eine Beziehung nicht kontrolliert wird, entwickelt sie sich aller Wahrscheinlichkeit nach zu schnell. Eine Romanze macht abhängig, und das Zusammensein ist so aufregend, daß ein Paar natürlich immer öfter zusammen sein will. Bald ist keine Tätigkeit mehr befriedigend, wenn man sie nicht mit dem anderen teilt, was bewirkt, daß das Paar schließlich unzertrennlich ist. Zu diesem Zeitpunkt ist das bloße Zusammensein jedoch nicht mehr so aufregend, wie es einmal war, und man beginnt, intim zu werden, um die anfängliche Erregung wieder einzufangen. Wenn sich ein Paar für seine Beziehung keine Grenzen setzt, werden sie wahrscheinlich feststellen, daß sie in ein sexuelles Verhältnis hineingeschlittert sind, ohne sich der Freundschaft jemals ernsthaft verpflichtet zu haben.

Um eine Beziehung zu überblicken, damit die Stufen der Vertrautheit in der angemessenen Reihenfolge beschritten werden und sexuelle Betätigung bis nach der Hochzeit aufgeschoben wird, sind drei Variablen in Betracht zu ziehen: (1) Haltung, (2) Aktivitäten (was man zusammen unternimmt) und (3) die Summe der miteinander verbrachten Zeit.

Haltung

Mit einem Angehörigen des anderen Geschlechts eine vertraute Liebesbeziehung zu haben ist vielleicht eine der erfüllendsten Erfahrungen im Leben. Unser Wunsch nach solch einer Beziehung kann jedoch gelegentlich verzerrt werden, so daß unsere Suche nach Vertrautheit ein verzweifelter Schrei nach Bestätigung ist. »Wenn mich niemand liebt«, denken wir manchmal fälschlicherweise, »dann bin ich nicht liebenswert.« Diese Haltung führt zu der Überzeugung, daß jede beliebige Beziehung – sei sie gut, schlecht oder mittelmäßig – besser ist als überhaupt keine Beziehung, was eine sehr gefährliche Meinung ist.

Eine Person, für die Beziehungen zum anderen Geschlecht die einzige Quelle der Selbstachtung sind, neigt dazu, an Beziehungen festzuhalten, die ungesund sind. Sie kann sogar so weit gehen zu heiraten, um nicht allein zu bleiben.

Ledige, die Christen sind, werden feste Freundschaften dagegen mit dem Ziel angehen, in der Ehe die Art Vertrautheit zu entwickeln, von der Christus sprach, als er erklärte, daß Mann und Frau ein Fleisch werden. Dieser Wunsch, die bestmögliche Beziehung aufzubauen, veranlaßt ein Paar, daran zu arbeiten, die verschiedenen Stufen der Vertrautheit in der angemessenen Reihenfolge zu erforschen. Er führt auch dazu, daß sich die Partner dazu verpflichten, biblische Verhaltensnormen einzuhalten.

Die angemessene Haltung ist die des Gehorsams gegenüber Gottes Gesetzen und des Respekts gegenüber der geistlichen Entwicklung des Partners, anstelle des egoistischen Wunsches, so viel wie möglich für sich aus der Beziehung herauszuholen. Die Entscheidung, eine Beziehung einzugehen und sie unter Kontrolle zu halten, verhindert, daß man durch Leidenschaft in ein frühzeitiges sexuelles Verhältnis hineinschlittert. Eine gehorsame Haltung hilft einem christlichen Paar, problematische Verhaltensweisen zu erkennen und ihnen Einhalt zu gebieten, bevor die Beziehung Schaden nimmt. Die Partner entscheiden sich, gegenseitig Geduld zu üben, damit beide sowohl für körperliche als auch für emotionale Vertraulichkeiten bereit werden. Die natürlichen sexuellen Wünsche werden zur Kenntnis genommen und akzeptiert, während der Zeit der festen Freundschaft jedoch nicht erfüllt. Für viele ist es eine große Versuchung, sexueller Erfüllung zu widerstehen.

»Rita und ich sind beide über dreißig, geschieden, und wir haben keine Kinder. So lange wir uns mögen, warum sollten wir dann keinen Sex miteinander haben? Wir tun niemandem damit weh!« sagt Stan und drückt damit die Ansicht von Tausenden von Alleinstehenden im ganzen Land aus.

Doch, Du tust jemandem weh, Stan! Gott und Dir selbst. Als Christen haben wir bestimmte Verpflichtungen. Wir sind für unsere Handlungen und Entscheidungen verantwortlich – Gott, uns selbst, unserem Partner und sogar anderen Menschen gegenüber.

Die Verantwortung Gott gegenüber

Keuschheit ist ein Prinzip, das in der Schrift wiederholt betont wird. In 1. Thessalonicher 4,3-8 sagt Paulus: »Denn das ist der Wille Gottes, eure Heiligung, daß ihr meidet die Unzucht und ein jeder von euch seine eigene Frau zu gewinnen suche in Heiligkeit und Ehrerbietung, nicht in gieriger Lust wie die Heiden, die von Gott nichts wissen. Niemand gehe zu weit und übervorteile seinen Bruder im Handel; denn der Herr ist ein Richter über das alles, wie wir euch schon früher gesagt und bezeugt haben. Denn Gott hat uns nicht berufen zur Unreinheit, sondern zur Heiligung. Wer das nun verachtet, der verachtet nicht Menschen, sondern Gott, der seinen heiligen Geist in euch gibt«. (Siehe auch Matth. 5,27-28; 1. Kor. 6,9-20; Eph. 5,3-12; 2. Petr. 2,9-16.)

Gott sagt, daß Unzucht Sünde ist. Die Entscheidung, Gottes Regeln über sexuelle Reinheit ungehorsam zu sein, stört deshalb die Beziehung eines Menschen zu Gott und hemmt sein geistliches Wachstum.

Die Verantwortung uns selbst gegenüber

Die Autoren Norman Wright und Marvin Inmon nennen in ihrem Handbuch *Dating, Waiting, and Choosing a Mate* (Sich befreunden, abwarten und einen Ehepartner wählen) fünf Vorteile dafür, vor der Ehe keinen Geschlechtsverkehr zu haben:

1. Die Partner werden keine Schuldgefühle haben, weil sie Gottes Geboten ungehorsam waren.
2. Sie brauchen keine Angst zu haben, ein Kind zu empfangen und dann entscheiden zu müssen, was als nächstes zu tun ist: überstürzt heiraten, das Kind außerhalb der Ehe bekommen, es zur Adoption freigeben oder, was schlimm ist, eine Abtreibung vornehmen.
3. Man wird die sexuelle Leistung seines Ehepartners nicht mit der früherer Liebhaber vergleichen.
4. Die Selbstbeherrschung, die man beim Warten auf die Ehe lernt, ist auch in Zeiten des Getrenntseins von seinem Ehepartner nützlich.
5. Die Freude sexueller Befriedigung, die nur mit dem Ehepartner geteilt wird, macht die Ehe aufregend.

Ein weiterer wichtiger Grund, sich zu enthalten, ist, daß man beim Austausch von körperlichen Intimitäten sehr viel von sich selbst in die Beziehung investieren muß. Indem man durch den Akt der geschlechtlichen Vereinigung all seine Leidenschaft und Liebe für seinen Partner ausdrückt, entwickelt sich ein besonderes Zusammengehörigkeitsgefühl jenseits vom Rest der Welt. Dieses besondere Einssein, das wir fühlen, wenn wir einander halten und berühren, ist ein kostbarer Teil einer vertrauten Beziehung. Außerdem bringt sexuelle Intimität eine totale Verletzlichkeit mit sich.

Da eine Person vor ihrer Heirat mehrere feste Freundschaften eingehen kann, würde die Einbeziehung sexueller Intimität als Teil der Freundschaft bedeuten, daß sie ihr Innerstes mit mehreren Menschen teilt. Die besondere Gemeinschaft, die Teil einer ausschließlichen sexuellen Beziehung ist, geht verloren. Viele Paare, die sich nach mehreren Jahren Ehe scheiden lassen, werden bestätigen, daß ihre Probleme mit vorehelichem Geschlechtsverkehr begannen und sich zu unversöhnlichen Gegensätzen entwickelten.

Die Verantwortung unserem Partner gegenüber

Obwohl wir die Handlungen anderer letztlich nicht bestimmen, handeln wir nicht liebevoll und verantwortlich, wenn wir eine andere Person in Versuchung bringen oder zur Sünde ermutigen. Entscheiden wir uns, Gottes Gesetzen ungehorsam zu sein, haben wir nicht das Recht, eine andere Person zu ermutigen oder zu drängen, auch diese Wahl zu treffen. Da Geschlechtsverkehr zwei Personen betrifft, kann unser Gehorsam unseren Partner davon abhalten zu sündigen, selbst wenn er nicht stark genug ist, von sich aus der Versuchung zu widerstehen.

Deshalb haben wir unserem festen Freund gegenüber die Verantwortung, davon abzusehen, vor der Ehe miteinander zu schlafen. Wenn wir uns hierzu verpflichten, müssen wir alles vermeiden, was sowohl uns als auch unseren Partner sexuell so stark erregt, daß wir der Versuchung nachgeben.

Die Verantwortung anderen Menschen gegenüber

»Dein Privatleben geht mich ja nichts an, Ken«, bemerkte Dennis eines Tages im Büro, »aber wie können du und deine Freundin verantworten, daß ihr zusammenlebt? Ich dachte, ihr seid echt religiös!«

Unabhängig davon, welche Maßstäbe die Welt sich selbst setzt, werden von Christen hohe moralische Maßstäbe erwartet. Wenn Christen Gottes Gesetze brechen, leidet ihr Zeugnis Schaden und wird bedeutungslos.

Daher ist der erste Schritt zur Kontrolle von Beziehungen die Entscheidung, eine eindeutige und gehorsame Haltung einzunehmen.

Aktivitäten

Die zweite Methode, eine Beziehung unter Kontrolle zu halten, ist, sorgfältig zu entscheiden, wie die Zeit zusammen verbracht werden soll. Einige Tätigkeiten helfen dabei, Beziehungen aufzubauen, andere nicht. Ein ganzer Samstag, an dem man gemeinsam die Küche streicht, ist viel ungefährlicher als einige Stunden, die man in einem abgedunkelten Raum mit Schmusen und leidenschaftlichem Küssen verbringt, während man romantische Musik anhört.

Obwohl der körperliche Kontakt ein ganz natürlicher Bestandteil einer festen Freundschaft ist, sollte man die meiste Zeit mit Dingen wie Gedankenaustausch, gemeinsamen Aufgaben, Sport und geistlicher Gemeinschaft verbringen.

Die Summe der zu zweit verbrachten Zeit

Der dritte Faktor zur Kontrolle von Beziehungen ist die Begrenzung der Zeit, die man miteinander verbringt. Dies läuft dem natürlichen Wunsch zuwider, jeden verfügbaren Augenblick mit dem Partner zu verbringen. Wenn ein Paar nicht beschließt, die Zeit, die sie zu zweit verbringen, zu begrenzen, kann es schnell dazu kommen, daß sie sich nicht mehr einmal die Woche, sondern jeden Abend und das ganze Wochenende treffen. Unter solchen Umständen summieren sich die Stunden schnell. Zum Beispiel:

a. Das Treffen einmal in der Woche 19.00 – 23.00 Uhr = 4 Stunden pro Treffen = die dreihundert Stunden allein zusammen werden in 1 1/2 Jahren erreicht (siehe Abbildung 2-1).
b. Das Treffen jeden Abend 19.00 – 23.00 Uhr = 4 Stunden pro Treffen x 7 Abende = 28 Stunden pro Woche = die dreihundert Stunden werden in 2 1/2 Monaten erreicht.

c. Das Treffen über das ganze Wochenende 8.00 – 23.00 Uhr = 15 Stunden pro Tag x 2 Tage = 30 Stunden pro Woche = die dreihundert Stunden werden in 2 1/2 Monaten erreicht.

Eine Kombination der oben genannten Möglichkeiten kann den Zeitraum, der benötigt wird, um die dreihundert Stunden allein zusammen zu erreichen, rasch reduzieren.

Beachten Sie bitte, daß nicht nur die Gesamtsumme der miteinander zu verbringenden Stunden wichtig ist, sondern auch die Art und Weise, wie diese Stunden angeordnet sind. Zu viele Stunden, die man zu zweit verbringt, können den Widerstand gegen sexuelle Versuchung schwächen. Mehrere kürzere Treffen sind sicherer als ein sehr langes Zusammensein. Lange Zeitspannen zusammen entladen unsere moralischen Batterien, und wir brauchen Zeit, die wir getrennt voneinander verbringen, um unseren Widerstand gegen Unmoral wieder »aufzuladen«.

Ein anderer Grund für die Begrenzung der miteinander zu verbringenden Zeit ist, daß trotz der Tatsache, daß eine Liebesbeziehung zu diesem Zeitpunkt das wichtigste in unserem Leben zu sein scheint, andere Dinge auch unsere Aufmerksamkeit fordern. Wir brauchen weiterhin Zeit für uns allein, Zeit für unsere Familie, Zeit für Gott, Zeit für andere Freunde und Zeit, um mit den Pflichten des täglichen Lebens Schritt zu halten. Vernachlässigen wir eine dieser Aufgaben und Beziehungen, kann uns das später eine Menge Schmerzen bereiten.

Ein Paar kann also die Entwicklung seiner Beziehung kontrollieren, wenn es eine angemessene Haltung einnimmt, Aktivitäten weise auswählt und die Menge an Zeit, die es miteinander verbringt, begrenzt.

Verantwortung für die Beziehung übernehmen

Der erste Schritt zur Übernahme von Verantwortung für die Beziehung ist, daß das Paar die Grenzen für die Beziehung diskutiert und sich darüber einigt. Als nächstes sollten sie ihren Entschluß mit ihrem Pastor oder einem geistlichen Leiter der Gemeinde erneut überprüfen und sich dazu verpflichten, sich an die Übereinkunft zu halten. Ein Weg, die Verpflichtung formell zu machen, ist es, sie schriftlich niederzulegen und von allen drei Parteien unterzeichnen zu lassen. Ein Muster einer Übereinkunft findet sich am Ende dieses Kapitels.

Wenn nach der Unterzeichnung einer solchen Verpflichtung beide Partner zusammen mit ihrem geistlichen Leiter beten und ihre Entscheidung vor Gott bekräftigen, wird es weniger wahrscheinlich sein, daß sie aufgrund erwachter Leidenschaft impulsiv ihre Meinung ändern. Die Bereitschaft, sich von einem geistlichen Leiter bezüglich der Beziehung zur Verantwortung ziehen zu lassen, ist auch ein Abschreckungsmittel gegen die Überschreitung der für die Beziehung gesetzten Grenzen.

Ein Plan ist wertlos, wird er nicht befolgt und ausgewertet – und wird nicht überprüft, ob er ausgeführt wurde. Deshalb sollte jedes Paar, das sich für seine Beziehung Grenzen setzt, eine Methode entwickeln, wie sie sich selbst überprüfen können. Es kann zum Beispiel die zusammen verbrachte Zeit aufschreiben. Als Faustregel gilt: Zeit, die man mit Gesprächen am Telefon verbringt, wird nach der ersten halben Stunde festgehalten. Zeit, die mit anderen zusammen verbracht wird (Zeit in der Gruppe) wird notiert, nachdem sie durch 4 dividiert wurde. Abbildung 2-4 zeigt ein Beispiel einer Zeittabelle eines Monats.

Schon intim geworden?

Eine bedeutende Anzahl von Paaren – darunter auch Christen – haben schon vor der Ehe Geschlechtsverkehr. Ein Grund für diese Tatsache ist, daß viele Paare eine bedeutende Anzahl von Stunden miteinander verbringen, ohne die Konsequenzen solch einer Handlungsweise zu bedenken. Ein zweiter Grund besteht darin, daß christliche Paare sich nicht vor dem Herrn dazu verpflichten, der Versuchung, auf sexuellem Gebiet zu sündigen, zu widerstehen. So verlassen sie sich auf die Gefühle des Augenblicks und geraten in Schwierigkeiten.

Ein Paar, das schon sexuell aktiv oder so erregt wurde, daß es die eingegangene Verpflichtung ignoriert und zusammen ins Bett geht, wird die Beziehung wieder unter Kontrolle bekommen wollen. Obwohl sie ihr Hochzeitsdatum vorverlegen oder dem anderen Extrem verfallen und sich überhaupt nicht mehr treffen könnten, ist die bessere Alternative, über die Situation nachzudenken und zu planen, wie sich ein weiterer ähnlicher Vorfall verhindern läßt. Folgend einige Ratschläge:

- 1. Korinther 10,13 lesen und den Vers umschreiben.
- Auswege aufschreiben, die Gott bereitstellte, die aber ignoriert wurden. Paare sind oft überrascht, wenn sie sich an die Situation zurückerinnern und ihnen klar wird, wie viele Unterbrechungen oder Auswege vorhanden waren (das Klingeln des Telefons, ein Freund, der hereinschaute, oder sogar die Schwierigkeit, Gelegenheiten zu finden, um allein zu sein). Wenn wir vor Gott (und unserem Partner) zugeben, daß wir diese Fluchtwege ignorierten, können wir Vergebung erlangen und uns entscheiden, das nächste Mal verantwortlicher zu handeln.
- Schritte bestimmen, um eine Wiederholung zu verhindern. Vielleicht müssen sie die Zeit, die sie miteinander verbringen, für eine Weile reduzieren. Da das Ziel ist, die Kontrolle über die Entwicklung der

Beziehung wiederzugewinnen – und nicht sie zu beenden –, sollte die Kommunikation nicht aufhören. Zeit, die man zusammen mit anderen verbringt, oder Zeit, während der man miteinander telefoniert, kann verlängert werden.

Sobald die Beziehung wieder unter Kontrolle ist, kann das Paar entscheiden, erneut mehr Zeit miteinander zu verbringen. Die beiden werden jedoch Aktivitäten planen, die das Risiko, sexuell aktiv zu werden, verringern.

Beziehungsberatung

»Ich habe noch nie etwas davon gehört, daß eine Beratung eine Beziehung verbessert oder rettet«, sagte Howard nachdenklich. »Um eine Ehe zu retten, ja. Die übliche Beratung vor der Hochzeit, die Pastoren häufig verlangen, vielleicht. Aber Beziehungsberatung?«

Ja! Ihr Pastor, ein Ältester Ihrer Gemeinde oder ein professioneller Berater kann Ihnen die Sichtweise einer dritten Person über das, was in der Beziehung vor sich geht, vermitteln. Die Lösung von Problemen wird auf dieser Weise objektiver und logischer angegangen, was dem Paar hilft, einen reifen Stil der Konfliktlösung zu entwickeln. Aber vielleicht ist die wichtigste Funktion des Beraters, dem Paar beizustehen, mehr Verantwortlichkeit zu entwickeln.

Beratung ist zu jedem Zeitpunkt einer Beziehung angebracht, besonders jedoch, wenn das Paar bereit ist, körperlich (nicht sexuell) und emotional miteinander vertraut zu werden.

Man kann eine Beratung aufsuchen oder an einem Seminar über Beziehungen teilnehmen, bevor man eine Freundschaft eingeht. Man wird Prinzipien, Vorstellungen, Erwartungen und mögliche Gefahren einfacher erlernen und akzeptieren, bevor man emotional an einen bestimmten Partner gebunden ist. Es ist sogar so, daß die positive Reaktion auf Rat oder Beratung abnimmt, je mehr die Beziehung sich vertieft (siehe Abbildung 2-5). Während der frühen Stadien einer Freundschaft sind Ledige in der Regel offen und empfänglich für Ratschläge, wie sie die Beziehung am besten unter Kontrolle halten und was sie als Folge von bestimmten Verhaltensweisen erwarten können.

Wenn eine Beziehung in Schwierigkeiten gerät, hilft Beratung dem Paar manchmal, seine Probleme zu lösen. Liegen die Schwierigkeiten im Sexuellen, ist es in der Regel am sinnvollsten, die Zeit zu zweit zu reduzieren und andere Aspekte der Beziehung zu verbessern.

Wenn Paare »Petting« praktiziert haben, kann ihnen oft geholfen werden, die Kontrolle über ihre Beziehung wiederzugewinnen. Wie in Abbildung 2-5 gezeigt, gibt es einen Punkt, nach dessen Erreichen ein Paar meist für Rat verschlossen und tatsächlich an die Unmoral gebunden ist, es sei denn, die Hochzeit steht nahe bevor.

Wenn beide Parteien bereit sind, sich zu engagieren, um die Beziehung wieder funktionsfähig zu machen, kann Beratung helfen, sich nach Abbruch der Beziehung wieder zu versöhnen. Und ein Berater hilft den Personen, die die Erfahrung einer zerbrochenen Beziehung gemacht haben, zu verstehen, was schiefgelaufen ist, und den Grundstein dafür zu legen, daß ähnliche Probleme in zukünftigen Beziehungen vermieden werden.

Wer macht Beziehungsberatung? Sucht man einen Installateur, so schlägt man einfach die Gelben Seiten auf. Den richtigen Berater findet man wahrscheinlich nicht so einfach. Berater können Pastoren, Leiter einer Arbeit für Singles, Psychologen, Sozialarbeiter und Familien- und Eheberater sein. Die Kosten der Beratung können beträchtlich variieren, und jedes Paar wird entscheiden müssen, welchen Preis sie zu bezahlen bereit sind – beziehungsweise welche Priorität sie der Rettung oder Verbesserung ihrer Beziehung beimessen. Beachten Sie: Suchen Sie sich einen Christen aus, der die Schrift hochschätzt und Gottes Wort als Grundlage seiner oder ihrer Beratung benutzt. Viele Christen sind in die Falle weltlicher »Zuerst-ich«-Psychologie geraten.

Beziehungen sind kostbar

Eine enge Beziehung zu einem Angehörigen des anderen Geschlechts ist ein sehr wertvoller Schatz. Menschen, die durchs Leben gehen, ohne solch eine Beziehung aufzubauen, kommen gewöhnlich an einen Punkt, an dem sie das Gefühl haben, daß ihr bisheriges Leben wertlos ist. Wir alle haben das Bedürfnis zu lieben und geliebt zu werden. Gott sah dieses Bedürfnis, als er Adam schuf; er wußte, daß Adam etwas fehlte: Jemand, mit dem er Gemeinschaft haben konnte. Deshalb schuf Gott Eva.

Wenn Beziehungen so bedeutsam und notwendig für uns sind, müssen wir sie als wertvoll genug behandeln, daß wir Verantwortung für sie übernehmen, und Zeit und Energie. Denn wenn wir das nicht tun, riskieren wir das Scheitern und den Verlust unserer Beziehungen.

Abbildung 2-1

Benötigte Zeit zum Aufbau einer Beziehung

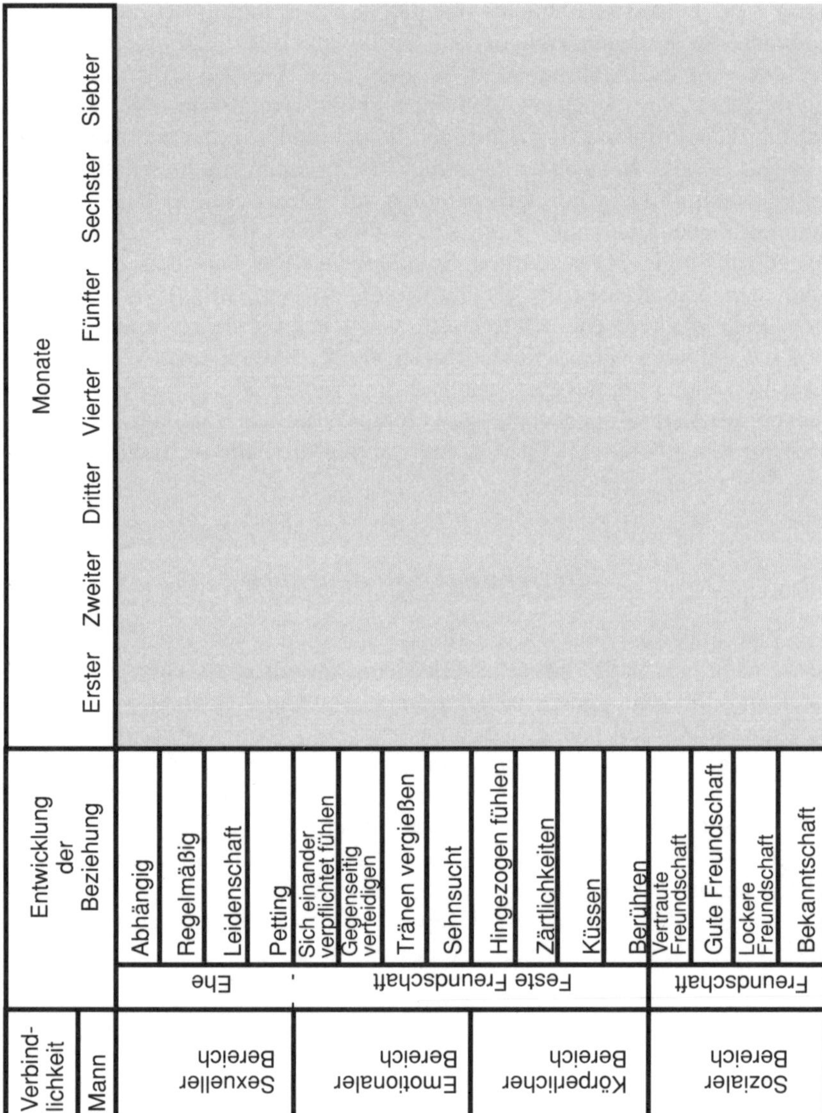

Abbildung 2-2

Summe der miteinander verbrachten Zeit

Verbindlichkeit / Mann		Entwicklung der Beziehung	Monate: Erster	Zweiter	Dritter	Vierter	Fünfter	Sechster	Siebter
Sexueller Bereich	Ehe	Abhängig							
		Regelmäßig							
		Leidenschaft							
		Petting							
Emotionaler Bereich	Feste Freundschaft	Sich einander verpflichtet fühlen							
		Gegenseitig verteidigen							
		Tränen vergießen							
		Sehnsucht							
Körperlicher Bereich		Hingezogen fühlen							
		Zärtlichkeiten							
		Küssen							
		Berühren							
Sozialer Bereich	Freundschaft	Vertraute Freundschaft							
		Gute Freundschaft							
		Lockere Freundschaft							
		Bekanntschaft							
			Std. pro Monat; Zahlen in ( ) = Summe der zusammen verbrachten Zeit						
		Ideal	12 (12)	18 (30)	25 (55)	35 (90)	50 (140)	70 (210)	90 (300)

Abbildung 2-3

Das Talley-Schaubild-Modell für die Entwicklung von Beziehungen

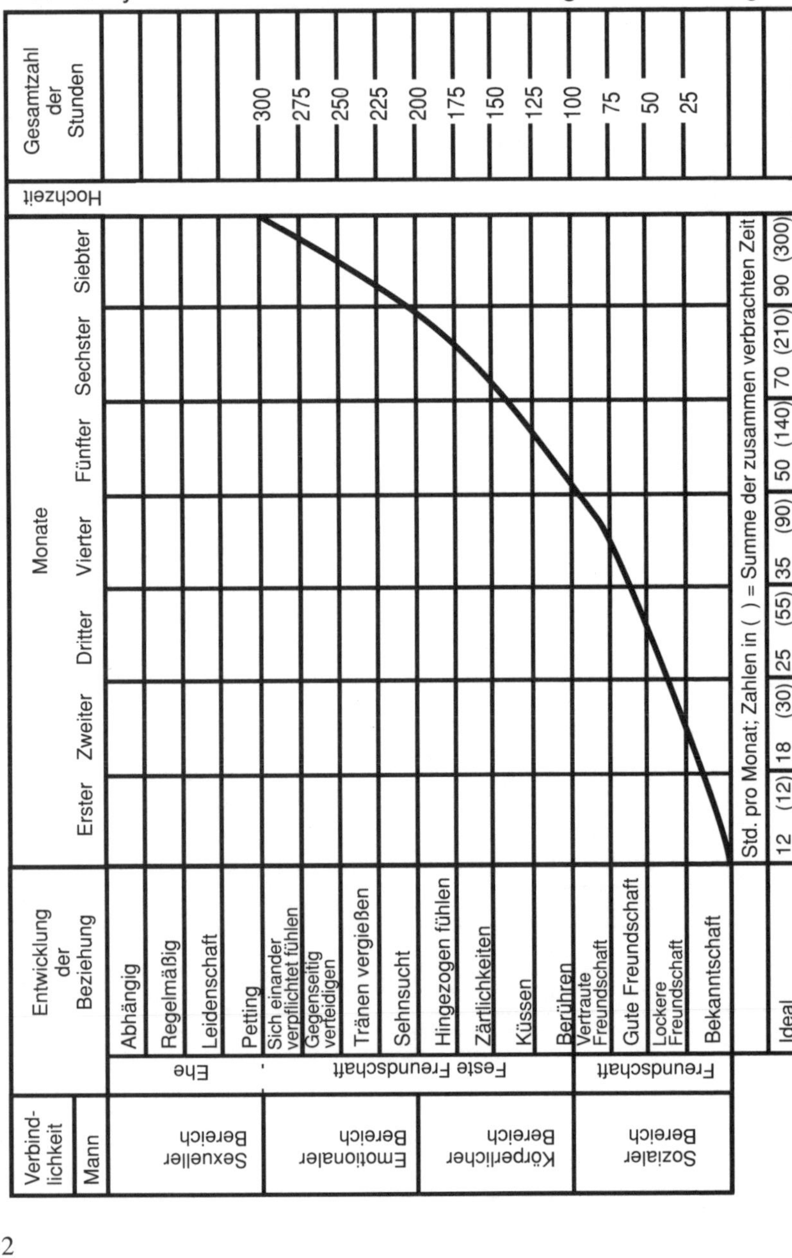

Abbildung 2-4

Zeittabelle eines Monats

Sein Name ________ Monat ________ Ziel ________ Ihr Name ________

Datum	1	2	3	4	5	6	7	8	9	10	11	12	13	14	15	16	17	18	19	20	21	22	23	24	25	26	27	28	29	30	31
Wochentag																															
06:00																															
07:00																															
08:00																															
09:00																															
10:00																															
11:00																															
12:00																															
13:00																															
14:00																															
15:00																															
16:00																															
17:00																															
18:00																															
19:00																															
20:00																															
21:00																															
22:00																															
23:00																															
24:00																															
01:00																															
02:00																															
03:00																															
04:00																															
05:00																															
Zu zweit																															
Gruppe																															
Telefon																															

XXX	Zu zweit
000	Gruppe
• • •	Telefon (über 1/2 Stunde)

Datum	1	2	3	4	5
Tag	M	D	M	D	F
6	X		•	0	•
7	X		•	0	•
8	0	X	X	0	•
9	0	X	X	0	X
10	•	X	X	•	0
Zu zweit	2	2	3	0	1
Gruppe	2	0	0	4	1
Telefon	1	1	2	1	3

Gesamtstundenzahl

Zu zweit ________
Gruppe ____ : 4 = ________
Telefon ________

Monatliche Summe ________
Stunden bis zum Vormonat ________
Gesamtsumme ________

Monatlich
____
____
____

Abbildung 2-5

Gedankliche Reaktion auf Beratung in den verschiedenen Stufen der Vertrautheit

Verbindlichkeit Mann		Entwicklung der Beziehung	Schlüsselpunkte	Gesamtzahl der Stunden	Reaktion
Sexueller Bereich	Ehe	Abhängig			
		Regelmäßig			
		Leidenschaft			
		Petting			
Emotionaler Bereich	Feste Freundschaft	Sich einander verpflichtet fühlen		300	Rebellion
		Gegenseitig verteidigen		275	Weglaufen
		Tränen vergießen	Es gibt kein Zurück mehr	250	Vermeiden
		Sehnsucht		225	Nicht gehorchen
Körperlicher Bereich		Hingezogen fühlen		200	Sich herausreden
		Zärtlichkeiten		175	Nicht einverstanden sein
		Küssen		150	In Frage stellen
		Berühren	Beratungsbeginn	125	Gedanken machen
Sozialer Bereich	Freundschaft	Vertraute Freundschaft		100	Erwägen
		Gute Freundschaft		75	Antworten
		Lockere Freundschaft		50	Zuhören
		Bekanntschaft		25	

Abbildung 2-6

Übereinkunft zum Aufbau einer echten Freundschaft

Freundschaft ist die wesentliche Grundlage für eine dauerhafte Beziehung. Deshalb möchten wir durch unsere Freundschaft:

- geistliche Reife fördern, indem wir einander in der Anbetung und im Dienst für Jesus Christus ermutigen.
- Agape-Liebe entwickeln.
- lernen, körperliche, emotionale und geistige Gewohnheiten zu beherrschen, und dadurch unserer Freundschaft eine gesunde Umgebung geben, in der sie wachsen kann.
- Vertrauen, Integrität und Offenheit aufbauen.

Diese Übereinkunft betrifft den Zeitraum von ______ Monaten, vom ______ bis ______ , in dem wir prüfen, wie schnell sich die Beziehung entwickelt.

Unsere Ziele für den durch die Übereinkunft begrenzten Zeitraum sind:

1.
2.
3.
4.
5.

Um diese Ziele zu erreichen, vereinbaren wir:

1. Die Zeit, die wir allein verbringen, auf ______ Stunden pro Monat zu begrenzen. (Das bedeutet einen Durchschnitt von ______ Stunden pro Verabredung und ______ Verabredungen pro Woche.)
2. Unsere Zeit zusammen damit zu verbringen, Dinge zu tun wie
   ____
   ____
   ____
   ____
3.
4.
5.
6.
7.

Wir vereinbaren, Tätigkeiten oder Situationen zu vermeiden, die unserer Beziehung schaden könnten wie

1.
2.
3.
4.

Wir verpflichten uns unter der Autorität Gottes dazu, für die Bedingungen dieser Übereinkunft unserem geistlichen Leiter und Berater, __________ Rechenschaft abzulegen.

gezeichnet ______________________ Datum ________
gezeichnet ______________________ Datum ________
gezeichnet ______________________ Datum ________

3

Bloßes Zusammensein reicht nicht aus!

Uwe und Inge verbringen viel Zeit miteinander. In den letzten Monaten hat sich bei ihnen eine bequeme Routine eingespielt. Drei- oder viermal die Woche kommt Uwe nach der Arbeit zu Inge; Inge bereitet ein Abendessen vor, und sie verbringen den Abend damit, zusammen fernzusehen. Uwe schaut sich die Sendungen gewöhnlich mit großem Interesse an, während Inge beim Zuhören strickt, flickt oder häkelt. Sie sprechen wenig miteinander, abgesehen von beiläufigen Fragen über den Tag des anderen.

Die meisten ihrer Freunde sind der Ansicht, daß Uwe und Inge eine ernsthafte Beziehung haben, und sie haben auch tatsächlich in Erwägung gezogen zu heiraten. Doch Uwe und Inge kennen sich in Wirklichkeit gar nicht!

Katie und Kurt laufen im Winter mehrmals im Monat zusammen Ski, sie sprechen jedoch auf der Piste kaum miteinander.

Bert und Julia verbringen neun Stunden am Tag im Büro zusammen, aber ihre Gespräche drehen sich um die Arbeit, die sie zu bewältigen versuchen.

Keines dieser Paare sind im wahren Sinne des Wortes vertraute Freunde, weil bloßes Zusammensein nicht ausreicht, um zwei Menschen vom Bekanntschaftsstadium bis zur Stufe der Vertrautheit zu führen. Deshalb können zwei Personen, die sich treffen und sich zueinander hingezogen fühlen, nicht voraussetzen, daß sie aus einer Freundschaft eine wirklich vertraute Beziehung aufbauen können, wenn sie nur ihrem natürlichen Wunsch, zusammenzusein, folgen.

In den frühen Stadien einer Beziehung fühlt man sich beim Zusammensein so gut, und es ist so befriedigend, daß ein Paar nicht immer die Notwendigkeit sieht, eine Basis für eine dauerhafte Beziehung zu schaffen. Aber wenn eine Freundschaft nur auf Gefühlen aufgebaut ist, wird das bloße Zusammensein bald seinen Zauber verlieren. Entweder wird man versuchen, durch vermehrte körperliche Nähe die guten Gefühle neu zu entfachen, oder man wird die Beziehung abbrechen. Die Alternative ist, eine dauerhafte Beziehung zu entwickeln, indem man sich gegenseitig kennen- und schätzenlernt und einander am eigenen Leben teilhaben läßt.

Seien Sie offen

Eine der angenehmen Seiten einer neuen Freundschaft ist, daß man sich selbst neu entdeckt, wenn man Geschichten über seine Vergangenheit, seine Leistungen, seine Träume und seine Mißerfolge erzählt. Das Austauschen von Tatsachen über uns selbst ist jedoch nur ein Aspekt des gegenseitigen Kennenlernens. Bedeutsamer ist der Austausch von Gefühlen, unseren inneren Reaktionen auf das, was in unserem Leben geschah, gerade geschieht oder geschehen könnte.

Oft finden wir es leichter, uns über positive als über negative Gefühle (wie Ärger, inneres Verletztsein, Enttäuschung, Groll) auszutauschen, weil wir befürchten, abgelehnt zu werden. Dennoch, weil jeder sowohl negative als auch positive Gefühle erlebt, ist klar, daß diejenigen, die nicht zugeben, daß sie negativ auf etwas reagieren, nicht aufrichtig sind.

Ein zweites Problem beim Unterdrücken negativer Gefühle ist, daß deren Unterdrückung nur für einige Zeit durchgehalten werden kann. Zum Schluß, wenn der Druck unerträglich wird, findet wahrscheinlich eine Explosion statt. Wenn negative Gefühle aufrichtig mitgeteilt und ruhig ausdiskutiert werden, wird einer Beziehung niemals so viel Schaden zugefügt wie bei einem Ausbruch unterdrückter Gefühle. Staut man negative Gefühle in seinem Innern auf, zeigt dies entweder mangelndes Vertrauen zu seinem Partner oder mangelnde Selbstannahme. Sowohl Vertrauen als auch Selbstannahme sind wesentlich für eine solide Freundschaft.

Der Prozeß des Feedbacks zwischen den Partnern ist einer der kritischsten Aspekte des Aufbaus einer wahren Liebesbeziehung. Durch Feedback lernen wir uns selbst kennen, denn Feedback ist im Grunde die Information darüber, wie andere uns gegenüber empfinden, was sie an uns wahrnehmen und wie sie auf unser Verhalten reagieren.

Lernen, offen zu sein.

In *Why Am I Afraid To Tell You Who I Am?* (Warum habe ich Angst, dir zu sagen, wer ich bin?) nennt John Powell fünf Ebenen der Kommunikation: klischeehafte Unterhaltung, die Mitteilung von Tatsachen über andere, meine Gedanken und Beurteilungen, meine Gefühle und vollkommene emotionale und persönliche Kommunikation. Ein Paar, das möchte, daß seine Beziehung Bestand hat und etwas Besonderes bleibt, wird alle Ebenen der Kommunikation verwenden wollen, insbesondere die drei letzten. Sie werden viele Hindernisse zu überwinden haben, wie:

- überhaupt nicht miteinander zu reden,
- nicht zuzuhören,
- nicht ehrlich zu sein,

- sich zu rechtfertigen,
- Gefühle nicht mitzuteilen,
- zu streiten statt auszutauschen,
- Auseinandersetzungen zu vermeiden,
- zu kritisieren,
- zu unterbrechen,
- voreilige Schlüsse zu ziehen und Probleme aufzusparen, anstatt sie zu lösen, sobald sie auftreten.

Offenheit ist eine Herausforderung und manchmal ein Risiko, aber sie ist für eine Beziehung, die irgendeinen Wert haben soll, absolut notwendig. Müßten wir die Hindernisse, die sich der Offenheit entgegenstellen, aus eigener Kraft überwinden, würden wir wahrscheinlich scheitern. Wir haben jedoch einen Gott »... der überschwenglich tun kann über alles hinaus, was wir bitten oder verstehen, nach der Kraft, die in uns wirkt« (Eph. 3,20).

Mit eben dieser Kraft des Heiligen Geistes in uns sind wir in der Lage, uns zu ändern und zu wachsen!

Seien Sie aktiv

Das bloße Zusammensein trägt nicht zu der Tiefe einer Beziehung bei. Tiefe resultiert daraus, daß man Dinge gemeinsam tut. Wenn Sie zusammen Sport treiben, an Aufgaben oder anderen Aktivitäten teilnehmen, lernen Sie eine Menge über die Frustrationstoleranz des anderen, über seine Fähigkeit, sich zu freuen, zu lernen und über seine Energiemuster. Sie entdecken gemeinsame und individuelle Interessen, während Ihr eigenes Leben aufregender wird. Deshalb ist es gut, wenn ein fest befreundetes Paar verschiedene Interessen und Aktivitäten miteinander ausprobiert. Indem ein Paar gemeinsam Aktivitäten und Aufgaben übernimmt, kommt es sich näher, und seine Beziehung vertieft sich.

Setzen Sie sich in Liebe miteinander auseinander

»Carmen und ich sind seit sechs Monaten befreundet, und wir hatten nie eine Meinungsverschiedenheit. Wir passen vollkommen zueinander!« erklärte Bill glücklich.

Das mag sein. Wahrscheinlicher ist jedoch, daß Bill und Carmen keinen Weg gefunden haben, um Probleme zu lösen, der sie durch die Realitäten einer engen Beziehung tragen wird – denn Konflikte sind unvermeidlich. Menschen sind Originale, keine Kopien. Wenn zwei Personen bei allem gleicher Meinung sind, kann es sein, daß einer von ihnen überflüssig ist! Es ist wichtig, daß die Partner lernen, Konflikte zu lösen, ohne die Beziehung zu zerstören.

In *When You Don't Agree* (Wenn du nicht meiner Meinung bist) legt James Fairfield fünf Reaktionen auf Konflikte dar: sich zurückziehen, nachgeben, gewinnen, Kompromisse schließen und den Konflikt lösen.

Sich zurückziehen. Bei dem ersten Anzeichen eines Konflikts schaltet Sally den Fernseher ein, wechselt das Thema oder fährt mit dem Auto weg. Obwohl ein vorübergehendes Sich- Zurückziehen eine wertvolle Methode sein kann, um seine Gedanken und Gefühle zu ordnen, wirkt sich der andauernde Rückzug als Reaktion auf Konflikte destruktiv auf eine Beziehung aus.

Durch Rückzug drücken wir aus: »Unsere Beziehung ist eine Auseinandersetzung nicht wert oder kann ihr nicht standhalten.« Ständiger Rückzug deutet darauf hin, daß die Beziehung aufgegeben wurde, und ist ein Hinweis darauf, daß man sich für die Bestätigung, die ja jeder von uns braucht, über kurz oder lang einer anderen Beziehung zuwenden wird.

Der Gewinn des Sich-Zurückziehens ist zwar das Vermeiden der Auseinandersetzung, der Preis jedoch ist der Verlust der Beziehung.

Gewinnen. Peter muß immer der Gewinner sein! Ob er an einem Spiel teilnimmt, mit jemandem eine Wette eingeht oder eine Meinung vertritt, er kann nicht verlieren! In der Hitze des Gefechts verliert Peter den Blick für Leute und Beziehungen, da sein Wunsch, Sieger zu sein, ihn übermannt. Er ist ein schlechter Verlierer, schmollt und ist beleidigt.

Gewinner scheinen in der Regel im Leben erfolgreich zu sein, weil sie ihre Ziele erreichen. Aber ihre Beziehungen sind oft oberflächlich oder von kurzer Dauer, da ihre Siege häufig auf Kosten der Ideen, Meinungen, Werte, Gefühle und Rechte anderer gehen.

Der Gewinn ist Sieg; der Preis ist der Verlust der Beziehung.

Nachgeben. Petras Stil ist es, Erwins Ideen nachzugeben, anstatt Probleme zu erörtern und zu diskutieren. Nachgeben beendet den Konflikt, aber wenn meist der gleiche Partner nachgibt, wird die Entwicklung von gegenseitigem Vertrauen und Respekt verhindert. Die Person, die nachgibt, fühlt sich von ihrem Partner, der seinen Sieg immer auf Kosten des Nachgebenden erringt, nicht wertgeschätzt.

Der Gewinn ist das Weiterbestehen der Beziehung, der Preis jedoch ist eine einseitige Interaktion, bei der die Selbstachtung des Partners verringert wird.

Kompromisse schließen. Bei einem Kompromiß ist keiner der Partner der Gewinner und keiner der Verlierer. Jeder macht dem Standpunkt oder den Wünschen des anderen einige Zugeständnisse, weil die Beziehung als wichtiger erachtet wird als die Auseinandersetzung.

Der Gewinn ist eine funktionierende Beziehung und eine annehmbare Lösung, aber der Preis ist immer, daß man sich mit weniger als seinen Zielen zufriedengibt.

Den Konflikt lösen. Der Weg, Probleme durch Konfliktlösung (oder Übereinstimmung) zu bewältigen, ist ideal, aber er erfordert auch den größten Einsatz. Die Partner erkennen den Konflikt an und arbeiten zusammen, um eine Lösung zu finden. Als Christen stehen uns von Gott gegebene Hilfsquellen zur Verfügung, um unsere Konflikte zu lösen. Jakobus rät denjenigen, denen Weisheit mangelt, Gott zu bitten, der jedermann gern gibt (siehe Jakobus 1,5). Jesus sagt: »... der Tröster, der heilige Geist, den mein Vater senden wird in meinem Namen, der wird euch alles lehren ...« (Johannes 14,26), und: »Wenn aber jener, der Geist der Wahrheit kommen wird, wird er euch in alle Wahrheit leiten« (Johannes 16,13; siehe auch 1. Korinther 2,10-16).

Man führt sich Alternativen zur Lösung des Konfliktes vor Augen, untersucht sie und wägt sie gegeneinander ab. Zusammen wählt man die beste Alternative aus. Der Unterschied zwischen Kompromisse schließen und Konflikte lösen besteht darin, daß bei einem Kompromiß beide Personen, schon bevor sie das Problem diskutieren, einen Lösungsvorschlag haben. Sie beginnen von zwei verschiedenen Standpunkten aus und handeln eine Übereinkunft aus, die eine Kombination der beiden vorgeschlagenen Lösungen darstellt.

Bei dieser Art der Problemlösung diskutieren die zwei Partner Bedürfnisse, Probleme und viele mögliche Lösungen. Keiner von ihnen geht von einer bestimmten Alternative aus, die verkauft, verteidigt oder geopfert werden soll – und es gibt also keinen Kompromiß. Das Finden der endgültigen Lösung ist eine gemeinsame Leistung. Diese Problemlösung erkennt sowohl den Wert der Beziehung als auch der Angelegenheit – keines von beiden wird dabei geopfert.

Für diesen Ansatz zur Problemlösung muß viel Zeit, emotionale und geistige Energie geopfert werden, deshalb ist er nicht bei jedem kleinen Konflikt durchführbar. Aber es ist der beste Weg für die wichtigen Angelegenheiten. Der Gewinn ist eine verbesserte Beziehung und eine großartige Lösung; der Preis ist, daß man Zeit und sich selbst investieren muß.

In unserem Leben werden wir zu verschiedenen Zeitpunkten mit verschiedenen Personen jede dieser Methoden anwenden. Aber in einer dauerhaften Beziehung wird die vorherrschende Methode die der Konfliktlösung sein. Sie erfordert die Fähigkeit zuzuhören, auszutauschen, zu akzeptieren, flexibel und kreativ zu sein – Fähigkeiten, die man sich durch Übung aneignet. Der Weg der Konfliktlösung ist kein natürlicher Weg; jeder von uns hat nämlich den angeborenen Wunsch nach Macht und Sieg. (Manchmal bedeutet »gewinnen« nachgeben, weil man dadurch Kontrolle gewinnt.) Jedoch nur wenn ein Paar die Methode der Konfliktlösung wählt, können beide im besten Sinne des Wortes Gewinner sein.

Um Konfliktbereiche zu bestimmen, kann man natürlich darauf warten, bis Meinungsverschiedenheiten, unterschiedliche Werte oder Wünsche aufkommen. Oder aber das Paar stellt sich eine Liste von Themen zusammen, die sie über einen Zeitraum hinweg diskutieren, um festzustellen, wo sich ihre Gedanken und Werte unterscheiden.

Das Wichtigste bei einer Auseinandersetzung ist, daß sie in einer Haltung der Liebe stattfindet, so daß sich das Paar durch den Prozeß der Problemlösung näherkommt. Ein Konflikt kann zum Bremsklotz oder zum Katalysator werden: Es hängt davon ab, wie man mit ihm umgeht.

Geistliche Gemeinschaft pflegen

Der Austausch auf allen Ebenen bringt ein Paar näher zusammen; den größten Einfluß auf die Qualität und Tiefe einer Beziehung hat jedoch der geistliche Austausch. Einige Vorschläge für die geistliche Gemeinschaft:

- sich über die persönliche Stille Zeit austauschen und was jedem bei der Bibellese wichtig geworden ist;
- über persönliche geistliche Kämpfe und Siege diskutieren;
- miteinander und füreinander beten;
- zusammen das Wort Gottes studieren;
- zusammen Bibelstunden und Gottesdienste besuchen und anschließend die Hauptpunkte miteinander besprechen;
- miteinander in der Gemeinde aktiv sein, z.B. eine Bibelstunde miteinander leiten, eine Jugendgruppe übernehmen, den Vorsitz bei einem Ausschuß führen, an Diensten in Altersheimen, Gefängnissen, Krankenhäusern oder an Evangelisationen teilnehmen und gemeinsam Hausbesuche machen.

Wenn wir den Partner an unserem geistlichen Leben teilhaben lassen, werden wir in unserem eigenen geistlichen Wachstum ermutigt. Wenn Partner einer festen Freundschaft geistlichen Austausch haben, wird es ihnen leichter fallen, die Beziehung Gott zu übergeben und ihm zu überlassen, sie zu seiner Zeit zusammenzuführen. Manchmal, wenn sich die Beziehung nicht schnell genug zu entwickeln scheint, findet man es schwierig, geduldig zu sein. Aber wie heißt es so schön: »Das einzige, was schlimmer ist als warten, ist, zu wünschen, man hätte gewartet!«

Der Entschluß, daß zu jeder festen Freundschaft der geistliche Austausch gehört, schließt die Freundschaft mit Nichtchristen aus.

Mit Tränen in den Augen redete die sechsundzwanzig Jahre alte Sandra mit ihren jüngeren Geschwistern. Obwohl sie schon mit fünf Jahren Christ wurde und sie sich gut in der Bibel auskannte, hatte sie einen Nichtchristen geheiratet. Sie und ihr Mann paßten zwar in jedem anderen Lebensbereich in fast vollkommener Weise zusammen, doch brachte Sandra zum Ausdruck, wie sie darunter litt, nicht in der Lage zu sein, den kostbarsten Teil ihres Lebens mit ihrem Ehepartner zu teilen – ihre persönliche Beziehung zu dem Herrn. Dies war ihr erst im letzten Jahr bewußt geworden, als Sandra nach einem beinahe tödlich endenden Unfall beim Schwimmen ihre Gemeinschaft mit dem Herrn erneuert hatte.

»Ihr müßt einfach auf mich hören!« bat sie flehentlich. »Geht nicht mit Jungen aus, die keine Christen sind. Ich habe es auf die harte Weise gelernt. Ich hatte nie vor, einen Nichtchristen zu heiraten. Ich dachte: ›Zeige mir einen Christen, den ich mag, und ich werde mich mit ihm verabreden!‹ Aber ich traf keinen, so ging ich aus, mit wem ich wollte. Da ich mit Nichtchristen ausging, verliebte ich mich natürlich in einen und heiratete ihn. Und ich sage euch, es tut weh, meinen Ehemann so sehr zu lieben und dabei geistlich in zwei Welten zu leben. Ihr verliebt euch und heiratet die Person, mit der ihr ausgeht. Laßt es deshalb nicht darauf ankommen! Wartet darauf, daß Gott einen Mann, der gläubig ist, in euer Leben führt!«

»Evangelistische Verabredungen« sind nicht der Weg, Menschen für Christus zu gewinnen, auch wenn dies manchmal geschehen mag. Häufiger jedoch wird das geistliche Leben eines Gläubigen geschwächt, wenn er mit Nichtchristen ausgeht.

Die totale Beziehung

Wenn man einander in einer Vielfalt von Umgebungen kennenlernt, sich im geistigen, Freizeit- und geistlichen Bereich austauscht, bleibt die Beziehung ausgeglichen und pulsierend lebendig.

Bloßes Zusammensein reicht nicht aus! An Beziehungen muß man arbeiten!

4

Zeit der Trennung – Zeit zum Schmachten?

»Die Zeit, die ich allein mit Harry verbringe, einzuschränken, bringt nichts, wenn ich nämlich von ihm getrennt bin, verbringe ich jede Minute damit, an ihn zu denken!« gestand Mathilda nach einem Seminar über Beziehungen. »Wenn wir nicht zusammen sind, geht es mir nicht gut. Ich hänge die ganze Zeit herum und warte auf seinen Anruf oder darauf, daß er vorbeikommt. Deshalb könnten wir genauso gut zusammensein! Außerdem sind wir ja verliebt, und deshalb wollte ich es gar nicht anders!«

Das hört sich so an, als ob Mathilda sogar ein noch größeres Problem hätte, als ihre Beziehung zu Harry unter Kontrolle zu halten. Je länger sie braucht, um zu erkennen, daß Harry nicht ihr einziger Lebensinhalt sein kann, um so mehr gerät ihr Leben aus dem Gleichgewicht. Man ist erst für eine neue Beziehung oder für die Ehe bereit, wenn man damit zufrieden ist, ledig zu sein.

Vielen alleinstehenden Erwachsenen flößt der Gedanke, für den Rest ihres Lebens allein bleiben zu müssen, große Angst ein. Diese Angst bewirkt, daß sie sich in einer Art und Weise verhalten, die häufig unproduktiv ist. Dabei könnten sie doch das Geheimnis inneren Friedens entdecken, das in Philipper 4,5-11 zu finden ist. Paulus fordert uns auf, unsere Gedankenwelt zu kontrollieren, indem wir uns auf Positives konzentrieren und seinem Beispiel folgen. Er schließt Vers 11 ab, indem er sagt: »... ich habe gelernt, mir genügen zu lassen, wie's mir auch geht«.

Gott an die erste Stelle setzen

»Die Tage, die ich mit einer Stillen Zeit mit Gott beginne, sind wirklich anders!« sagt Kerstin.

Wenn wir jeden Morgen diese wenigen Minuten damit verbringen, mit Gott zu reden und auf ihn zu hören, kann uns dies eine positive Haltung für den ganzen Tag vermitteln, wenn wir den Tag wirklich ihm anbefehlen und darauf vertrauen, daß er in unserem Leben arbeitet. Genauso wie wir jeden Tag nahrhaftes Essen benötigen, um körperliche Energie zu erlangen, brauchen wir auch täglich geistliche Nahrung, die unseren inneren Menschen stärkt. Diese geistliche Energiezufuhr bekommen wir durch das Lesen und Nachdenken über Gottes Wort, von der Gemeinschaft mit Gott im Gebet und dadurch, daß wir ein gehorsames und dienstbereites Leben führen.

Gemeinschaft mit anderen Gläubigen, die Teilnahme an Gemeindeaktivitäten, an Bibelstudium und Gottesdienst und der Gebrauch der eigenen Gaben und Mittel, um anderen zu helfen, sind zusätzliche Wege, geistliches Leben zu entwickeln. Aber da die Beziehung, die wir mit Gott haben, persönlich ist, ergibt sich ein Großteil des geistlichen Wachstums aus der Zeit, in der wir Gott allein anbeten.

So können wir für die Zeit, die wir getrennt von unserem Freund verbringen, einen anderen Schwerpunkt setzen, in dem wir treu in unserer Beziehung zu Gott sind. Wenn wir das Konzept des Talley- Schaubilds auf unsere Beziehung zu Gott anwenden würden, wären einige von uns vielleicht überrascht, daß sie aufgrund der begrenzten Zeit, die sie allein mit Gott verbringen, mit ihm nur auf der Bekanntschaftsebene verkehren.

Mein Ein und Alles

Kein Mensch kann das »Ein und Alles« eines anderen sein. Von einer Person zu erwarten, daß sie jedes soziale Bedürfnis eines anderen erfüllt, ist nicht nur unrealistisch, sondern auch unfair. Statt dessen braucht jeder ein gut entwickeltes soziales Netz, das eine Vielzahl von Freunden einschließt, von denen jeder seine eigene einzigartige Persönlichkeit hat.

Vertraute Freunde teilen einander ihre innersten Gedanken, Ängste, Niederlagen und Hoffnungen mit. Sie finden Zugang zu den gegenseitigen tiefsten geistlichen und emotionalen Ebenen und unterstützen einander in Zeiten der Krise und des Schmerzes. Ihre Freude am Erfolg des anderen ist echt. Jeder Mensch braucht ein oder zwei vertraute Freunde. Da wir uns für die Aufrechterhaltung einer wirklich vertrauten Freundschaft jedoch in einem hohen Maße selbst investieren müssen, können wir nicht viele Freunde dieser Art haben.

Gute Freunde sind etwas weniger vertraut miteinander, sie können jedoch viel Zeit zusammen verbringen. Sie kennen sich gegenseitig ziemlich gut und spielen eine bedeutende soziale Rolle füreinander. Gute Freunde bringen sich emotional jedoch nicht in dem Maße in das Leben des anderen ein wie vertraute Freunde. Sie teilen eher Aktivitäten als Gedanken miteinander. Folglich haben wir in der Regel mehr gute Freunde als vertraute Freunde.

Lose Freunde verbringen gelegentlich Zeit miteinander, weil sie ein gemeinsames Interesse oder einen gemeinsamen Freund haben. Wir brauchen in unserem Leben viele lose Freunde.

Ein vollständiges soziales Netz schließt diese drei Typen von Freunden ein, wobei bei allen dreien beide Geschlechter, jedes Alter und sowohl verheiratete als auch alleinstehende Personen vertreten sein sollten. So können wir also in der Zeit, die wir ohne den Partner verbringen, diese anderen Freundschaften entwickeln und uns an ihnen freuen.

Zeit für die Familie

Häufig wächst, nachdem man das Elternhaus verlassen und seinen eigenen Lebensstil gefunden hat, eine neue Wertschätzung für die Familie. Zwischen Brüdern und Schwestern, die nicht länger rivalisierende Geschwister sind, entstehen Freundschaften. Junge Erwachsene lernen, ihren Eltern gegenüber eine positivere Haltung einzunehmen und sie zu akzeptieren. Und auch die Eltern, die erleichtert sind, daß sie sich nicht mehr für die Handlungen ihrer Söhne und Töchter verantwortlich fühlen müssen, können ihre Kinder als Erwachsene behandeln. Zu familiären Beziehungen können auch die Interaktion zwischen alleinstehenden Elternteilen und ihren Kindern gezählt werden.

So ist der Aufbau oder der erneute Aufbau von Beziehungen zur Familie eine weitere Möglichkeit, die Zeit, die man ohne den Partner verbringt, sinnvoll zu nutzen.

Allein, aber nicht einsam

»Zum ersten Mal in meinem Leben beginne ich, ab und zu das Alleinsein zu genießen!« teilte Fred eines Abends während einer Kaffee- und Gesprächszeit, die von seiner Singles-Gruppe veranstaltet wurde, mit.

Einige andere nickten zustimmend. Zeit allein muß keine einsame Erfahrung sein! Es ist eine wichtige Gelegenheit, zahllosen erholsamen Tätigkeiten nur zum eigenen Vergnügen nachzugehen.

Tanja verbringt manchmal den Abend damit, einen Roman zu lesen, und entschwindet dabei für ein paar Stunden in eine andere Zeit und an einen anderen Ort. Sam sieht sich seine Lieblingssendungen im Fernsehen an – die Sendungen, die seiner Freundin nicht gefallen. Glenda arbeitet an ihrem Hobby, sie restauriert Möbel. Andy hört Musik. Daniela sorgt dafür, daß sie wenigstens vierzig Minuten am Tag nur für sich hat, um körperlich und emotional entspannen zu können. Peter gönnt sich eine Mütze Extraschlaf. Tom, Sally und Linda nehmen sich Zeit, ruhig darüber nachzudenken, was als nächstes auf sie zukommt und was in den letzten Tagen geschehen ist.

Zeit für sich allein kann so wichtig werden, daß man, sobald man die Angst, einsam zu sein, überwunden hat, freiwillig Zeit für sich selbst einzuplanen beginnt. Wer nicht ertragen kann, allein zu sein, sollte sich fragen, warum er seine eigene Gesellschaft nicht genießt.

Ziele erreichen

Eine andere Möglichkeit, wie man die Zeit ohne seinen Partner verbringen kann, ist, an verschiedenen Aktivitäten teilzunehmen. Das können z.B. Abendkurse zum Erreichen eines Schulabschlusses sein, Arbeitsgruppen mit einem speziellen Interesse, das Erlernen einer neuen Sportart oder das Einüben einer neuen Fertigkeit wie Klavierspielen.

Ein ausgeglichenes Leben führen

Vielleicht ist der Schlüsselgedanke dieses Kapitels, daß man daran arbeiten muß, in seinem Leben Ausgeglichenheit zu erlangen, nicht nur im Bereich der Beziehungen, sondern auch in jedem anderen Lebensbereich. Wir alle kennen Menschen, deren Leben aus dem Gleichgewicht geraten ist. Zum Beispiel: Renate denkt, spricht und lebt nur für ihre Kinder; Michael verbringt seine freie Zeit damit, fernzusehen; William ist ein Partymensch, er geht jeden Abend aus und nimmt an den Aktivitäten von verschiedenen Singles-Gruppen teil.

Wird ein Bereich unseres Lebens überbetont, gerät unser Leben aus dem Gleichgewicht und wird bald einseitig. Natürlich gibt es oft Zeiten, in denen eine Priorität für eine Weile unser ganzes Leben aus dem Gleichgewicht bringt, bis das gewünschte Ziel erreicht ist. Kurz vor der Abschlußprüfung stoppen die meisten Studenten alle Aktivitäten, die nicht direkt damit zu tun haben, um fiebrig die Notizen des Semesters zu wiederholen. Solche Extreme sind jedoch zeitlich begrenzt, und nach einigen Tagen ausgleichenden Leichtsinns nach dem Examen kehrt der Alltag wieder ein.

Oft können wir jahrelang selbst mit offensichtlichen Ungleichgewichten in unserem Leben ganz angemessen leben. Wir müssen die vielen Seiten unserer Persönlichkeit akzeptieren und darauf achten, einen ausgewogenen Lebensstil zu entwickeln.

Zum Erreichen von Ausgeglichenheit ist es nicht nötig, einen genau gleichen Anteil an Zeit und Energie darauf zu verwenden, jeden Bereich unseres Lebens zu entwickeln; vielmehr müssen wir jedem Bereich ein vernünftiges Maß an Aufmerksamkeit widmen. Zum Beispiel ist ein Bereich, den man überprüfen sollte, wie Energie verbraucht wird. Verschiedene Beschäftigungen benötigen verschiedene Arten von Energie. Holzfällen, Bauen, Gräben ausheben und Sport erfordern körperliche Energie. Eheberater und Pastoren verbrauchen eine Menge an emotionaler Energie. Planen, Management, Lehren und Buchhaltung erfordern vorwiegend geistige Energie.

Jeder Angehörige dieser Berufsgruppen braucht jedoch Ausgleich, deshalb sucht man sich verschiedene Arten von Freizeitaktivitäten. Arbeiter mögen geistige Impulse und emotionales Engagement suchen. Ein Buchhalter wünscht sich vielleicht, körperlich und emotional aktiv zu werden. Angehörige der sozialen Berufe möchten häufig etwas tun, wozu mehr geistige Energie benötigt wird.

Christus gab ein Beispiel

Obwohl Christus wußte, daß er nur etwa drei Jahre haben würde, um seinen irdischen Auftrag zu erfüllen, gab er ein Beispiel für ein ausgeglichenes Leben. Seine Zeit war aufgeteilt unter der Menschenmenge, seinen Freunden, Jüngern und seinen besonderen Vertrauten unter ihnen, sich selbst und seinem Vater. Dann und wann feierte er ein Fest; zu anderen Zeiten fastete er. Er diente und ließ sich dienen. Er reiste, ruhte sich aus, lehrte, vollbrachte Wunder ... Er teilte sich mit und nahm sich Zeit zuzuhören. Manchmal weinte er, ein andermal freute er sich mit seinen Freunden. Er nahm sich Zeit, die Schönheit der Natur zu schätzen. Er war körperlich, emotional und geistig aktiv, während er gleichzeitig ausschließlich auf den Wunsch ausgerichtet war, den Willen seines Vaters zu tun.

Leben Sie gesund

Ein wichtiger Grund, nach Ausgeglichenheit zu streben, ist, daß unser Körper nicht allzugut auf Übertreibungen reagiert. Übermäßiges Essen verursacht Fettleibigkeit, was zu Herzproblemen, einem beeinträchtigten Kreislauf und zahllosen körperlichen Funktionsstörungen führt. Überarbeitung kann Herzattacken und Bluthochdruck zur Folge haben. Zu viele Änderungen im Leben, die in zu kurzen Zeitabschnitten erfolgen, verursachen übermäßigen Streß, der sich in einer Reihe von körperlichen Symptomen wie Schlaflosigkeit, Kopfschmerzen, Allergien, Magengeschwüre, Colitis, Asthma, Dermatitis, Bluthochdruck, frühzeitiges Altern oder Herzinfarkt etc. niederschlagen kann.

Um gesund zu bleiben, braucht unser Körper eine ausgeglichene Lebensweise.

Seien Sie interessant!

Ein Mensch, dessen Leben ausgewogen ist, hat zu einer festen Freundschaft mehr beizutragen als jemand, dessen Leben »einseitig« ist. Ausgeglichene Menschen sind interessiert an anderen Menschen, neuen Ideen und verschiedenen Aktivitäten; deshalb sind sie selbst faszinierend! Sie fühlen sich selten in neuen Situationen fehl am Platz, da sie gelernt haben, wie sie zu den unterschiedlichsten Menschen Beziehungen knüpfen können.

Obwohl man gewöhnlich die meiste Zeit zusammen mit seinem Partner verbringen will, soll die Zeit der Trennung also keine Zeit zum Schmachten sein!

5

Nur eine von einer Sorte

Wenn zwei Partner versuchen, eine verbindliche Beziehung aufzubauen, wird es immer wichtiger, daß sie ein positives Bild von sich selbst haben. Jemand, der sich insgeheim haßt, kann die Liebe, die ihm entgegengebracht wird, nicht wirklich annehmen. Er kann auch nicht glauben, daß seine Liebe für irgend jemanden von bleibender Bedeutung ist. Deshalb ist der Aufbau eines positiven Selbstbildes eine unabdingbare Voraussetzung für eine vertraute Beziehung zu einem Angehörigen des anderen Geschlechts.

Einer der Gründe, warum Menschen Schwierigkeiten haben, ein positives Selbstbild aufzubauen, ist, daß sie eine falsche Vorstellung davon haben, was Selbstachtung ist.

Es bedeutet nicht, daß Sie vollkommen sind. Es ist keine Ichbezogenheit. Es ist keine überhebliche Selbstgefälligkeit und heißt auch nicht, daß man für seine Schwächen blind ist.

Wenn Sie ein positives Selbstbild haben, bedeutet es, daß

- Sie sich selbst unter Berücksichtigung der Meinungen anderer aufrichtig beurteilen,
- Sie sich annehmen, wie Gott Sie geschaffen hat,
- Sie erkennen, daß Sie mit Gottes Hilfe destruktives Verhalten, sündige Verhaltensweisen und Schwächen der eigenen Persönlichkeit ändern können,
- Sie sich entscheiden, immer nur eine Änderung auf einmal vorzunehmen.

Sie sind einzigartig

Der erste Schnee des Winters war da, die Schneeflocken fielen sanft und bedeckten das Land. Als der Schöpfer den herrlichen Anblick sah, lächelte er. Dann, als er eine der winzigen Schneeflocken herzzerreißend schluchzen hörte, beugte er sich nach unten und hob sie hoch.

»Was ist los, Kleine?« fragte er freundlich. »Ich bin anders!« weinte die Schneeflocke. »Ich sehe nicht wie die anderen Schneeflocken aus. Ich hasse mich! Warum kann ich nicht wie die anderen sein?«

»Sieh mal genauer hin!« sagte der Vater. »Keine zwei Schneeflocken sind einander gleich! Ich mache nur eine von einer Sorte. Du bist nicht einfach anders, du bist etwas Besonderes!«

Viel zu oft sind wir wie die kleine Schneeflocke, indem wir uns nicht akzeptieren, weil wir anders als alle anderen sind. Man schließt sich populären Meinungen an, kleidet sich nach der neuesten Mode oder folgt dummen Modetrends im Bemühen, sich der Menge anzupassen. Man wird eine Imitation anstatt eine individuelle Persönlichkeit.

Diese Anstrengungen sind jedoch alle vergeblich, denn unter der Oberflächlichkeit des äußeren Konformismus sind keine zwei Personen einander gleich! Jeder von uns ist eine einzigartige Schöpfung, die von Gott persönlich entworfen und gemacht worden ist. David sagt: »Denn du hast meine Nieren bereitet und hast mich gebildet im Mutterleibe. Ich danke dir dafür, daß ich wunderbar gemacht bin; wunderbar sind deine Werke; das erkennt meine Seele. Es war dir mein Gebein nicht verborgen, als ich im Verborgenen gemacht wurde, als ich gebildet wurde unten in der Erde. Deine Augen sahen mich, als ich noch nicht bereitet war« (Psalm 139,13-16; siehe auch Hiob 10,8-10).

Wenn wir unsere Persönlichkeit verleugnen, lehnen wir gewissermaßen Gottes Plan für unser Leben ab. Wie wir diesen Plan entwickeln, hat viel mit unserer Reaktion auf die Erfahrungen des Alltags zu tun, wie sie in dem folgenden Gedicht beschrieben werden:

Das Meer des Lebens
Der glitzernde Sand
Liegt schimmernd und weiß da
Sein Antlitz wird gewaschen
Von der reinigenden Flut,
Jede Welle mit ihrer überrollenden Kraft
Trifft ihre Auswahl
Von Sand und Muscheln gleichermaßen
Den Ausschuß zurücklassend
Zum Verwittern und Trocknen auf dem Strand.
Das Leben bewegt sich über
Die schimmernden Körner der Menschheit
In ganz ähnlicher Weise.
Einige werden ergriffen
Zu einem stürmischen Ritt

In der tosenden Brandung,
Andere werden überlassen der Verwitterung,
Dem Alter
Und ... dem Trocknen.
Ihre Kanten sind sanft geworden
Abgeschliffen durch rauhe Zusammentreffen im Meer des Lebens.
– Dottie Odell

Suchen Sie nach diesen positiven Eigenschaften, Kennzeichen und Erfahrungen, die Sie von der Menge unterscheiden, und lernen Sie sie schätzen. Freuen Sie sich darüber, daß Sie einzigartig sind!

Tiefstapler

Es gibt Menschen, die sich selbst hassen. Nachdem sie sich einer kritischen Prüfung unterzogen haben, kommen sie zu dem Schluß, daß niemand, der so unvollkommen wie sie ist, von irgend jemandem geliebt werden könnte, noch nicht einmal von sich selbst.

Menschen, die sich selbst nicht lieben, sind von der Angst, abgelehnt zu werden, gelähmt. Wir wollen sie hier Tiefstapler nennen. Ihr Engagement im zwischenmenschlichen Bereich bleibt bedeutend unter der Linie, die den Beginn einer festen Freundschaft im Talley-Schaubild-Modell darstellt (siehe Abbildung 5-1).

Für Tiefstapler charakteristisch sind Gewohnheiten des Selbstschutzes. Sie versuchen, Ablehnung vorauszuahnen und zu verhindern, indem sie eine Verteidigungsstrategie entwickeln. In ihrem Eifer, Verletzungen vorauszuahnen, nehmen sie oft Ablehnung wahr, wo gar keine ist.

Maria lud eines Tages einen Bekannten zum Mittagessen ein, doch als sie ein leichtes Zögern in seiner Antwort bemerkte, zog sie ihr Angebot schnell zurück. Dieser fragte, warum sie ihre Meinung geändert habe. Als sie gestand, daß sie das Gefühl habe, er werde ihr Angebot ablehnen, warnte er sie: »Versuche nicht, die Gedanken anderer zu lesen! Der Grund, warum ich zögerte, ist der, daß ich mich in strenger Diät befinde. Ich mußte überlegen, was ich essen könnte, wenn ich mit dir zu dem Restaurant ginge, das du vorgeschlagen hast. Dann erinnerte ich mich daran, daß das Restaurant eine Salatbar hat. Ich wollte gerade deine Einladung annehmen, als du sie zurückgezogen hast. Ich würde wirklich gerne mit dir zu Mittag essen!«

Eine weitere Verhaltensweise von Tiefstaplern ist es, andere abzulehnen, bevor sie selbst abgelehnt werden. Offensichtlich vermeiden sie soziale Kontakte: Sie kommen spät zu Gruppenaktivitäten und gehen früh wieder. Sie übernehmen keine sozialen Aufgaben. Ihre Einstellung ist entweder: »Diese Leute mögen mich ja doch nicht« oder: »Ich mag die Leute ja sowieso nicht!« In beiden Fällen, ob sie sich erbärmlich selbst bemitleiden oder so versnobt sind, daß es einem auf die Nerven geht, ist die Folge Einsamkeit. Ironischerweise ist die Folge ihres Verhaltens des Selbstschutzes, daß sie, wie befürchtet, abgelehnt werden.

Eine dritte Methode der Verteidigung ist die Ichbezogenheit. Indem sie sich selbst Streicheleinheiten verabreichen, geben manche Menschen vor, die Bestätigung anderer nicht zu brauchen. Ohne daß sie im geringsten dazu ermutigt werden, erzählen sie, welch ein Erfolg sie sind, wie großartig ihr Leben ist und daß sie so unabhängig sind, daß sie niemand anderes brauchen. Oft nehmen wir sie beim Wort, und die Ablehnung, die sie befürchteten, wird Wirklichkeit.

Andere Strategien sind, sich selbst herabzusetzen, bevor andere es tun, niemanden so nahe an sich heranzulassen, daß er ein echter Freund werden könnte, weil man dessen Ablehnung sonst nicht ertragen könnte, bewußt unattraktiv zu werden oder sich unschicklich zu benehmen und die letzte Verteidigungsstrategie – Selbstmord.

Die schreckliche Ironie ist, daß, wie ausgeklügelt das Verteidigungssystem auch sein mag, es in der Regel zum Scheitern verurteilt ist. Die Prophetie erfüllt sich selbst: Wenn Sie sich selbst einreden, daß Sie abgelehnt werden, neigen Sie dazu, mit Menschen nicht aufrichtig umzugehen, und dies hat schließlich in jedem Fall Ablehnung zur Folge!

Natürlich ist die Erfahrung, abgelehnt zu werden, nicht auf Tiefstapler begrenzt. Aber jeder von uns kann mit Ablehnung fertig werden, wenn wir sie nüchtern sehen. Erstens ist Ablehnung irgendeiner Art unvermeidlich. Nicht jede Person, zu der wir Kontakt aufnehmen, wird positiv reagieren, ebenso wie wir selbst uns nicht zu jeder Person, die wir treffen, hingezogen fühlen.

Als nächstes machen Sie sich klar, daß manchmal die Wahl des Zeitpunktes und nicht Sie als Person das Problem sind. Sie wollten mit einer Freundin ein Schwätzchen halten, aber Ihr Telefonanruf kam vielleicht zu einer ungelegenen Zeit. Die eher kühle Reaktion mag wenig mit Ihnen persönlich zu tun gehabt haben.

Wenn Sie das Gefühl haben, abgelehnt zu werden, müssen Sie herausfinden, was tatsächlich abgelehnt wird – Sie oder Ihre Einladung. Jemand, der mit einer Diät kämpft (wie es Marias Freund tat), lehnt möglicherweise die Angebote ab, eine Mahlzeit oder einen Imbiß zusammen einzunehmen, wird aber gern eine andere Einladung annehmen.

Selbst eine völlige Ablehnung durch eine andere Person ist kein Zeichen dafür, daß niemand Sie jemals lieben wird. Und natürlich liebt Gott

Sie! Wenn Sie in dieser Tatsache Sicherheit finden, sollten Sie eigentlich weniger Probleme damit haben, ein gesundes Selbstbild zu haben.

Quellen der Selbstachtung

Mangelnde Selbstannahme kann von *Angst, Schuld, Unglauben oder unrealistischen Erwartungen* herrühren.

Manche Menschen haben *Angst* vor Versagen, Ablehnung, Unbehagen, Risiko, Unbekanntem oder davor, in Verlegenheit gebracht zu werden.

Manche *fühlen sich schuldig* wegen vergangener Niederlagen, nicht bekannter Sünden, Unzulänglichkeiten, Ängsten, dem Aufschieben von Dingen oder wegen negativer Gefühle.

Andere haben einen grundlegenden *Unglauben bezüglich ihres eigenen Wertes,* ihrer Fähigkeiten, einer guten Zukunft, bezüglich Gottes Plan für ihr Leben oder Gottes Fähigkeit, in ihrem Leben Wunder zu wirken.

Und schließlich haben viele *unrealistische Erwartungen* an sich selbst und an andere.

Aber wie kommt man dazu, sich selbst anzunehmen? Es gibt verschiedene Grundlagen für Selbstachtung.

Die Meinung anderer

Es ist verlockend, das Bild von sich selbst auf der Meinung anderer aufzubauen; es bringt uns die Zustimmung und Bestätigung derjenigen ein, die positiv von uns denken. Aber wir können dann mit Kritik sehr schwer umgehen, weil Kritik als Angriff auf den eigenen Selbstwert angesehen wird.

Als Grundlage für Selbstachtung sind die Meinungen anderer so unstabil wie Sand, denn

1) die Sichtweise anderer ist nicht immer richtig;
2) die anderen teilen Ihnen nicht immer ihre ehrliche Meinung mit;
3) die Meinungen der Menschen ändern sich (oft, um der gesellschaftlichen Norm zu entsprechen);
4) andere Menschen kennen nicht immer Ihre innerste Persönlichkeit und reagieren daher nur auf das Erscheinungsbild, das Sie in der Öffentlichkeit abgeben.

Folglich sollten die Meinungen anderer, obwohl sie zu einem gesunden Bild von sich selbst beitragen können, nicht als Basis für den Aufbau Ihres Selbstwertes dienen.

Die eigenen Meinungen. Eine andere Grundlage, um zufrieden mit sich selbst zu sein, ist, daß Sie sich nur auf Ihre eigene innere Zustimmung verlassen. Der Vorteil dieser Methode ist die Fähigkeit, sich die Kritik anderer nicht bewußt zu machen und nur sich selbst verantwortlich zu sein. Es gibt jedoch auch einige Probleme mit dieser Grundlage:

1) Sie können unrealistische Erwartungen haben, aus denen ein negatives Selbstbild folgt, wenn Sie ihnen nicht gerecht würden;
2) Sie sind möglicherweise sich selbst gegenüber nicht aufrichtig und leugnen einfach die Existenz von allem, was Sie bei sich selbst nicht akzeptieren können;
3) Ihre Meinung könnte allein an dem Erreichen von Zielen und an Leistung orientiert sein; das Nichterreichen von Zielen wird dann als Hinweis für persönliche Unzulänglichkeit gesehen;
4) Ihre Meinungen können auf Gefühlen anstatt auf Tatsachen beruhen. (Sich an einem Tag anzunehmen, an dem Sie sich gut fühlen, ist einfach, es ist jedoch unmöglich an einem Tag, an dem Sie sich »down« fühlen.)

Ihre persönliche Meinung spielt eine Rolle zum Aufbau eines positiven Selbstbildes, aber sie ist nicht beständig genug, um als Grundlage zu dienen.

Gottes Meinung

Die einzige wirkliche Basis für ein echtes – und positives – Selbstbild ist Gottes Meinung über Sie. Denken Sie über folgendes nach.

Gott kennt unser Innerstes, unsere Gedanken, Wünsche, Schwächen, geheimen Laster und unsere Zukunft. Seine Sicht von uns ist realistisch. In Psalm 139,1-6 erinnert uns David an diese Tatsache: »Herr, du erforschest mich und kennest mich. Ich sitze oder stehe auf, so weißt du es; du verstehst meine Gedanken von ferne. Ich gehe oder liege, so bist du um mich und siehst alle meine Wege. Denn siehe, es ist kein Wort auf meiner Zunge, das du, Herr, nicht schon wüßtest. Von allen Seiten umgibst du mich und hältst deine Hand über mir. Diese Erkenntnis ist mir zu wunderbar und zu hoch, ich kann sie nicht begreifen« (siehe auch Hebr. 4,12-13).

Trotz unseres sündigen Zustandes liebte uns Gott genügend, um seinen Sohn zu senden, der uns erlöste, so daß Gott uns annehmen konnte. Paulus sagt: »Gott aber erweist seine Liebe zu uns darin, daß Christus für uns gestorben ist, als wir noch Sünder waren« (Römer 5,8), und in Epheser 1,6 wird uns gesagt, daß »... er uns begnadet hat in dem Geliebten«.

Nach Römer 8,38-39 wird sich seine Liebe zu uns nicht ändern:

»Denn ich bin gewiß, daß weder Tod noch Leben, weder Engel noch Mächte noch Gewalten, weder Gegenwärtiges noch Zukünftiges, weder Hohes noch Tiefes noch eine andere Kreatur uns scheiden kann von der Liebe Gottes, die in Christus Jesus ist, unserm Herrn« (siehe auch Jer. 31,3; Hebr. 13,8).

Gott verdammt uns nicht aufgrund unserer Fehler, außer wenn wir uns weigern, sie zuzugeben. Statt dessen wartet er darauf, uns zu vergeben. In 1. Johannes 1,9 heißt es: »Wenn wir aber unsre Sünden bekennen, so ist er treu und gerecht, daß er uns die Sünden vergibt und reinigt uns von aller Ungerechtigkeit« (siehe auch Römer 8,1).

Gott möchte, daß wir seine Sichtweise annehmen anstelle unserer eigenen. »O welch eine Tiefe des Reichtums, beides, der Weisheit und der Erkenntnis Gottes! Wie unbegreiflich sind seine Gerichte und unerforschlich seine Wege! Denn »wer hat des Herrn Sinn erkannt, oder wer ist sein Ratgeber gewesen!« (Römer 11, 33-34).

»Denn von ihm und durch ihn und zu ihm sind alle Dinge. Ihm sei Ehre in Ewigkeit! Amen« (Röm. 11,36 – siehe auch Jes. 55,8-9).

Gott möchte, daß wir realistisch sind und weder zu hoch noch zu gering von uns denken. »Denn ich sage durch die Gnade, die mir gegeben ist, jedem unter euch, daß niemand mehr von sich halte, als sich's gebührt zu halten, sondern daß er maßvoll von sich halte, ein jeder, wie Gott das Maß des Glaubens ausgeteilt hat« (Röm. 12,3).

Gott ist noch nicht fertig mit uns! Wir Christen stehen im Prozeß des geistlichen Wachsens und Reifens. Paulus versichert uns, daß »... der in euch angefangen hat das gute Werk, der wird's auch vollenden bis an den Tag Christi Jesu« (Phil. 1,6).

So ist die einzige sichere Grundlage für ein gesundes und realistisches Selbstbild Gottes Wort.

Sie stehen in einem Wachstumsprozeß

Beim Aufbau eines positiven Selbstbildes mag das Erlernen der Selbstannahme ein bedeutendes Hindernis sein, besonders wenn die mangelnde Selbstannahme eine lebenslange Gewohnheit geworden ist. Vielleicht liegt der Schlüssel darin, die Tatsache vollständig zu begreifen und zu akzeptieren, daß niemand von uns schon vollendet ist! Wir sind alle dabei, in das Bild Christi verwandelt zu werden, während wir unser Leben dem Herrn als lebendiges Opfer bringen.

Das Alter des Werdens
Ich bin im Alter des Werdens angelangt
Nicht länger sehe ich mich der Angst gegenüber

Was ich sein werde
Wenn ich erwachsen werde
Ich bin im Werden begriffen.
Ich sehe meine schwachen Punkte
Als das, was sie sind -
Druckpunkte, die durch den Streß des Lebens entstanden.
Nicht unabänderlich, sondern im Wandel.
Ich bin im Werden begriffen.
Beziehungen sind nicht eingesperrt -
Sondern offen,
Frei, sich zu ändern
So wie das Leben und die Zeit Wachstum bringt.
Jedem von uns – auf verschiedene Weisen
Wir sind im Werden begriffen.
– Dottie Odell

In 1. Johannes 3,1-2 werden wir daran erinnert, daß, so unvollkommen wir jetzt auch sein mögen, der Vater uns doch genug geliebt hat, uns seine Kinder zu nennen, und daß wir eines Tages sein werden wie unser Herr Jesus Christus selbst. Aber erst wenn wir ihn sehen, wie er ist – im Himmel. Zum gegenwärtigen Zeitpunkt befinden wir uns alle in verschiedenen Stadien des Verwandeltwerdens in sein Bild.

Der Prozeß des Werdens vollzieht sich manchmal langsam und erfordert eine Menge Arbeit. Manchmal kämpfen wir, wie Paulus es tat (siehe Röm. 7,15-25). Manchmal scheitern wir. Aber wenn wir scheitern, haben wir einen Fürsprecher beim Vater und die Verheißung der Vergebung (siehe 1. Johannes 1,9; 2,2). Und die Siege sind großartig, indem wir erkennen, daß wir weit überwinden durch den, der uns geliebt hat (siehe Röm. 8,37).

Teilen Sie sich mit

Wenn Sie gelernt haben, sich als einzigartige, wertvolle und im Werden begriffene Persönlichkeit zu erkennen und anzunehmen, können Sie riskieren, verwundbar zu sein, indem Sie sich anderen mitteilen. Sie können riskieren, den anderen Ihr wirkliches Ich zu zeigen. Sie können echt sein.

Die Menschen werden auf Ihre Aufrichtigkeit reagieren, indem sie auch ehrlicher werden; sie spüren nämlich, daß Sie in der Lage sind, sie in gleicher Weise anzunehmen wie sich selbst.

Wenn zwei Personen ehrlich sind, kommunizieren sie auf einer höheren Ebene: Sie versuchen, einander anzunehmen und zu verstehen, und haben deshalb weniger Angst, beurteilt, kritisiert oder abgelehnt zu werden. Oberflächliche, unpersönliche Gespräche werden durch das Mitteilen von Ideen, von Gefühlen, Kämpfen und Siegen ersetzt.

Sie werden als Partner in einer festen Freundschaft entdecken, daß, indem Sie beide Selbstachtung entwickeln und offen miteinander umgehen, die Beziehung immer befriedigender und vertrauter wird.

Abbildung 5-1

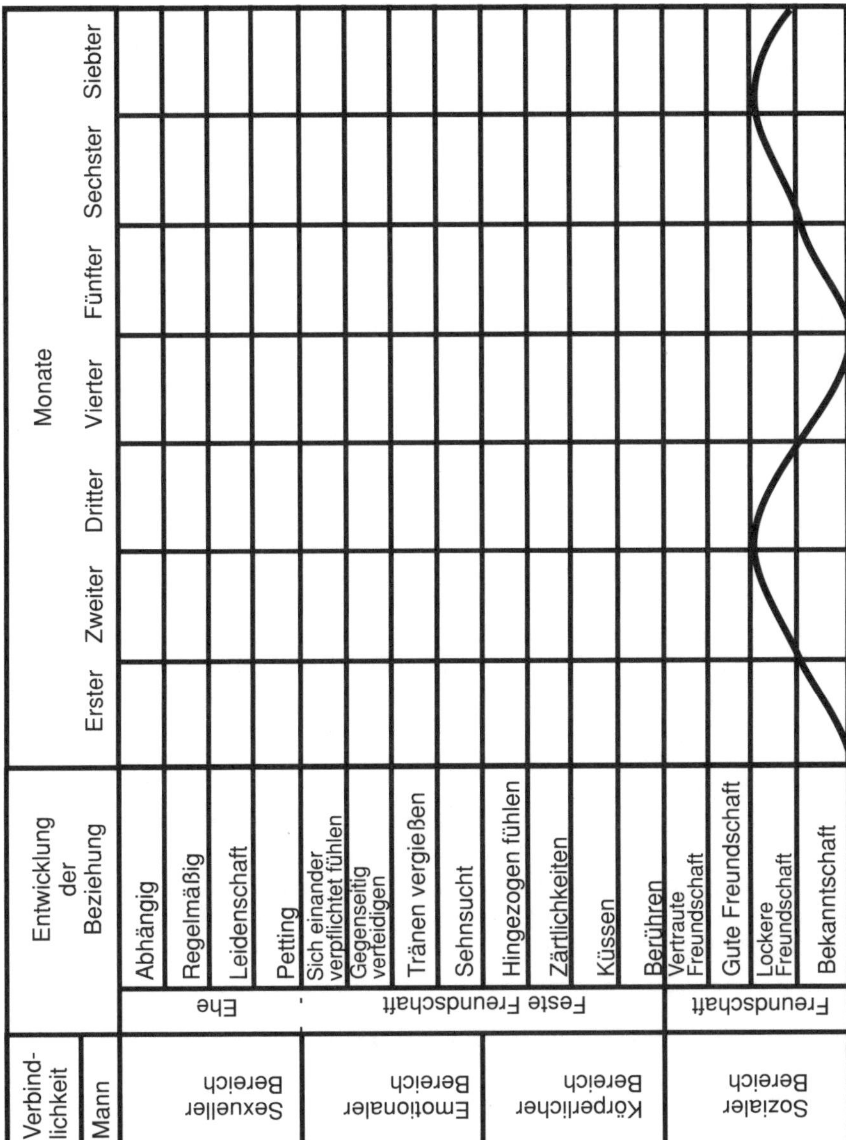

6

Gleich und doch verschieden

Wie oft haben Sie schon einen Mann behaupten hören, daß er »die Frauen niemals verstehen wird«? Und kennen Sie nicht auch die Frau, die verzweifelt die Hände ringt und die rhetorische Frage stellt: »Ist das nicht typisch Mann?« Manchmal – besonders in Zeiten, wenn sich die Beziehung in einer Krise befindet –, scheint der Partner ein Wesen von einem anderen Stern zu sein!

In den letzten Jahren bestand ein großes öffentliches und wissenschaftliches Interesse an dem Thema der Unterschiede zwischen den Geschlechtern. Man erforschte etwa, inwieweit weibliche und männliche Gehirnzellen zur Lösung von Problemen unterschiedlich gebraucht werden; man untersuchte die Wirkung von Hormonen auf das Verhalten und die kulturell verstärkte Festlegung der Geschlechtsrollen. Wenige der Ergebnisse erregen keinen Widerspruch, deshalb werden sie in den meisten Fällen genau erläutert und nicht als absolute Tatsachen präsentiert.

Was auch immer der Grund dafür sein mag, die meisten Menschen würden doch zustimmen, daß Männer und Frauen das Leben im allgemeinen unterschiedlich zu erfahren scheinen. Eine Freundschaft mit einem Angehörigen des gleichen Geschlechts unterscheidet sich irgendwie von einer Freundschaft mit einer Person des anderen Geschlechts. Die besonderen Unterschiede zwischen Mann und Frau (abgesehen von den offensichtlichen wie Größe, Anatomie und sexuelle Funktion) sind jedoch umstritten, teilweise deshalb, weil keine zwei Personen genau gleich sind und weil erlernte Eigenschaften von Angehörigen beider Geschlechter erworben werden können.

Stereotype Geschlechtsmerkmale

Wenn Sie und einige Ihrer Freunde je zehn Eigenschaften von Männern und Frauen notierten, würden Sie wahrscheinlich bei Ihren Listen viele Ähnlichkeiten entdecken. Das kommt daher, daß es eine bestimmte kulturell bedingte Festlegung der Geschlechtsrollen gibt und innerhalb einer Gruppe (Peer-group) die gleiche Vorstellung über die ideale Frau und den idealen Mann herrscht.

So ist es wichtig, solche Unterschiede zu diskutieren, wenn man eine vertraute Beziehung zu einem Angehörigen des anderen Geschlechts in Erwägung zieht. Sonst werden Konflikte auftreten, die vermieden werden könnten und die in einigen Fällen eine gute Beziehung sogar zerstören.

Als Diskussionsgrundlage sind unten achzehn Merkmalpaare aufgelistet. Liste I enthält Eigenschaften, die im allgemeinen Männern zugeschrieben werden, und Liste II besteht aus Begriffen, die in der Regel verwendet werden, um Frauen zu beschreiben. Es gelten jedoch folgende Einschränkungen:

- Es ist unwahrscheinlich, daß ein Mann alle Eigenschaften von Liste I hat.
- Es ist unwahrscheinlich, daß eine Frau alle Eigenschaften von Liste II hat.
- Die meisten Menschen sind eine ausgewogene Mischung aus Eigenschaften beider Listen.

Liste I	Liste II
1. Versorger der Familie	1. Bewahrerin der Familie
2. Initiator	2. Diejenige, die reagiert
3. Erobert durch Gewalt	3. Erobert durch Liebe oder Verstand
4. Objektiv	4. Subjektiv
5. Sachbezogen	5. Personenbezogen
6. Logisch	6. Intuitiv
7. Unpersönlich	7. Persönlich
8. Beständig (unflexibel)	8. Unbeständig (anpassungsfähig)
9. Kommunikation ist völlig themenbezogen	9. Kommunikation ist sensibel für die Reaktionen anderer
10. Sucht nach dem Wesentlichen	10. Sucht nach dem Ästhetischen
11. Ist zukunftsorientiert (hat langfristige Ziele)	11. Orientiert sich an der Gegenwart (setzt sich kurzfristige Ziele)
12. Braucht Sinn im Leben	12. Braucht Sicherheit
13. Neigt zu Ichbezogenheit	13. Neigt zu Eifersucht
14. Zurückhaltung im Gefühlsbereich und Freiheit im körperlichen Bereich	14. Zurückhaltung im körperlichen Bereich und Freiheit im Gefühlsbereich
15. Begehrt Sex	15. Träumt von Liebe
16. Leidenschaftlich	16. Romantisch
17. Vernachlässigt Aufgaben	17. Nörgelt am Partner herum (oft, wenn er Aufgaben vernachlässigt)
18. Besiegt durch Entmutigung	18. Besiegt durch Einsamkeit

Den Partner verstehen

Betrachten wir nun einige mögliche Beziehungsprobleme, die entstehen, weil man nicht versteht, wie der Partner mit Lebenssituationen umgeht.

1. *Robert: nur eine Möglichkeit.* Robert, ein self-made Geschäftsmann hat sein ganzes Leben hart gearbeitet. Er hatte nie Zeit, um »über Leute zu philosophieren«, wie er es ausdrückt. Es gibt nur eine mögliche Lebensweise, behauptet er: »Man sieht eine Arbeit, die getan werden muß, und man erledigt sie.« Er hat wenig Geduld mit Menschen – egal, ob Mann oder Frau –, die nicht so sind wie er. Vielleicht ist ein Grund, warum Robert mit vierundfünfzig immer noch alleinstehend ist, daß niemand je hundertprozentig wie Robert sein wird!

Wenige Menschen sind so unflexibel wie Robert, aber häufig sind Konflikte in Beziehungen das Ergebnis davon, daß ein Partner vergißt, daß es verschiedene Möglichkeiten gibt, auf eine Situation zu reagieren.

2. *Maria: Du bist mein Mann.* Marias idealer Mann hat alle achtzehn Eigenschaften von Liste I. Sie ist ärgerlich, wenn ihrem Partner nur eine dieser Eigenschaften fehlt. Und sollte er eine Eigenschaft von Liste II zeigen, ist die Beziehung zu Ende, bevor sie beginnt! Anstatt eine Beziehung zu der Person zu finden, mit der sie ausgeht, verhält sich Maria gegenüber allen Männern genau gleich: Sie erwartet, daß sie sich ihrem Ideal anpassen.

Es kann sein, daß sich Ihre eigene Liste männlicher und weiblicher Eigenschaften wesentlich von denen, die in den zwei Listen aufgeführt sind, unterscheidet. Aber wie auch immer Ihre Vorstellungen aussehen, Sie können einer Sache sicher sein: Ihre Erwartungen beeinflussen in einem großen Ausmaß, wie Sie sich auf Ihren Partner einstellen.

Es ist wichtig zu verstehen, daß man unterschiedlich auf einen Umstand oder eine Situation reagieren kann. Weil eine bestimmte Reaktion *für Sie* richtig ist, heißt das noch lange nicht, daß es die einzig richtige ist. Entdecken Sie die Situationen oder Probleme, auf die Sie und Ihr Partner ähnlich reagieren. Bestimmen Sie Ihre Unterschiede. Was können Sie dabei voneinander lernen? Wie können Sie Ihre Unterschiede dazu benutzen, Ihre Partnerschaft zu stärken? Sie könnten sich auch Zeit nehmen, um zu beschreiben, was Sie von einem idealen Partner erwarten, und feststellen, wo Ihr Partner dieser Beschreibung entspricht.

Die Arbeit daran kann Spaß machen. Eine andere Möglichkeit, mehr über Ihren Partner zu lernen, ist, gemeinsam an Aufgaben zu arbeiten oder »Kennenlern-«Aktivitäten zu planen. Unten sind verschiedene Vorschläge aufgeführt.

1. *Forschen in der Schrift.* Lesen Sie jede Bibelstelle, die etwas zu einem bestimmten Thema zu sagen hat (z.B. Vergebung, die Zunge beherr-

schen, ein stiller Geist, Verbindlichkeit, Spaß haben, Liebe). Dann schreiben Sie einen Aufsatz, in dem Sie zusammenfassen, was Gott sagt und wie es auf Ihre Beziehung zutrifft. Tauschen Sie aus, was Sie geschrieben haben.

2. *Bibelverse auswendig lernen.* Wählen Sie zehn Verse oder Abschnitte in der Bibel aus, die auf Sie als Person und als Partner zutreffen. Stellen Sie einen Zeitplan zum Auswendiglernen dieser Stellen auf. Lernen Sie die Verse auswendig und kontrollieren Sie das Gelernte jede Woche zusammen.
3. *Dialog.* Planen Sie eine Reihe von Dialogen, die Ihnen helfen werden, einander besser kennenzulernen. Bei Verabredungen oder während Telefongesprächen setzen Sie die Dialoge fort, bis Sie die Bereiche auf Ihrer Liste abgedeckt haben.
4. *Arbeitsbücher.* Kaufen Sie eine der Hilfen über Freundschaft oder Ehe und arbeiten Sie die Aufgaben zusammen durch.
5. *Neue Aktivitäten.* Stellen Sie eine Liste von neuen Aktivitäten oder Sportarten auf, die Sie noch nie zusammen ausprobiert haben. Dann planen Sie in den nächsten Monaten eine oder zwei neuen Aktivitäten. Anschließend diskutieren Sie, wie sehr (oder wie wenig) jeder von Ihnen diese Tätigkeit genossen hat, und entscheiden Sie, ob Sie dieser Beschäftigung gern wieder einmal nachgehen würden.
6. *Finanzen.* (a) Tauschen Sie an einem Abend Ihre Kontoauszüge aus und diskutieren Sie die gegenseitigen Gewohnheiten beim Geldausgeben. (b) Entwickeln Sie individuelle Haushaltspläne für einen Monat und tauschen Sie sich über Ihre Erfolge und Mißerfolge aus. (c) Stellen Sie ein Budget für Ihre Verabredungen und Aktivitäten auf. Diskutieren Sie jede Änderung und einigen Sie sich, bevor eine Änderung vorgenommen wird. (d) Entwickeln Sie Richtlinien für ein vernünftiges finanzielles Management in der Ehe. (e) Erzählen Sie Ihrem Partner eine lustige Erfahrung bezüglich Ihrer finanziellen Gewohnheiten. (f) Erzählen Sie Ihrem Partner eine »schlechte« Erfahrung, die Sie mit Geld gemacht haben.
7. *Kurs.* Nehmen Sie zusammen an einem Kurs teil.
8. *Entwickeln Sie ein Verzeichnis an Fertigkeiten/Wissen/Fähigkeiten (FWF).* Führen Sie die FWFs auf, die ein Erwachsener Ihrer Meinung nach haben sollte, um unabhängig leben zu können. Dann beurteilen Sie sich gegenseitig (oder selbst), um zu entscheiden, welche dieser Fähigkeiten fehlen. Als nächstes entwickeln Sie einen Plan, wie Sie diese erwerben können, und ziehen Sie den Plan durch. Tauschen Sie sich über Ihre Erfolge und Kämpfe im Lernprozeß aus.

9. *Das ist mein Leben.* Veranstalten Sie einen »Das ist mein Leben«-Abend. Tauschen Sie miteinander Geschichten, Bilder und Andenken aus Ihrer Kindheit aus.
10. *Führen Sie miteinander Arbeitsprojekte durch.* Probieren Sie Streichen, Bauen, Nähen, Schreiben und jede beliebige Anzahl von anderen lohnenden Projekten aus.
11. *Einander lehren.* Tauschen Sie aus, was Sie wissen, indem Sie einander eine neue Fähigkeit beibringen.
12. *Kochen/Essen.* Bemühen Sie sich, neue Gerichte zu kochen oder neue Gerichte zu essen. Gehen Sie in verschiedene Restaurants oder Geschäfte und probieren Sie aus, was erhältlich ist.
13. *Briefe.* Schreiben Sie einander einmal wöchentlich einen Brief. Tauschen Sie über Ideen, Gedanken, die persönliche Stille Zeit, Erfolge und Mißerfolge aus.
14. *Konfliktlösung.* Zählen Sie fünfundzwanzig Situationen auf, die im allgemeinen in einer festen Freundschaft Streit oder Probleme verursachen, und diskutieren Sie, wie Sie wahrscheinlich in der jeweiligen Situation reagieren würden. Entscheiden Sie, welches die konstruktivsten und wirkungsvollsten Wege sind, auf diese Situationen zu reagieren, und planen Sie, wie Sie sicherstellen können, daß Sie die wirkungsvollen Methoden, nicht die destruktiven, einsetzen.
15. *Einkaufen.* Gehen Sie zusammen einkaufen und vergleichen Sie persönliche Vorlieben bei Lebensmitteln, Kleidern oder Heimdekorationen.
16. *Spiele.* Spielen Sie kommunikationsfördernde Tischspiele, um die Ungezwungenheit Ihrer Unterhaltung zu verbessern.
17. *Bücher.* Lesen Sie ein oder zwei Bücher von allgemeinem Interesse und diskutieren Sie Ihre Reaktionen auf die Ideen des Autors.
18. *Fähigkeit zur Zusammenarbeit.* Lehren oder leiten Sie zusammen einen Kurs oder ein Programm, um zu sehen, ob Sie miteinander arbeiten und Probleme produktiv lösen können.
19. *Engagement.* Nehmen Sie sechs Monate lang an einem Programm oder Projekt, das von der Stadt organisiert wird, teil. Beobachten Sie, wie gut jeder von Ihnen zu den anderen in der Gruppe Beziehungen knüpfen kann.

Je mehr Sie über Ihren Partner wissen und je mehr Sie ihn verstehen, desto tiefer wird Ihre Beziehung werden. Wenn Sie in Ihrer Beziehung Bereiche entdecken, die vorhersehbar sind, wird sich ein Gefühl von Stabilität entwickeln. Auch wird die Übung, die Sie in der Lösung von Konflikten gewinnen, von unschätzbarem Wert sein, falls Sie und Ihr Partner heiraten.

7

Märchen oder Wirklichkeit?

Nur ein paar Tage vor ihrer Hochzeit saßen Beate und Kurt im Büro ihres Pastors und erörterten ihre Gefühle.

»Wir lieben uns so sehr und haben uns so darauf gefreut zu heiraten und waren dabei total sicher, daß unsere Ehe niemals in die Brüche gehen würde«, erklärte Kurt. »Letzte Woche fanden wir heraus, daß zwei unserer besten Freunde sich scheiden lassen. Sie sind erst seit einem Jahr verheiratet!«

»Ja. Und sie schienen sich genauso zu lieben wie Kurt und ich«, unterbrach Beate. »Plötzlich wurde uns klar, daß uns das auch passieren könnte!«

Kurt nickte zustimmend. Am Ende des Gesprächs hatten Kurt und Beate verschiedene Bedenken zum Ausdruck gebracht.

Kurt:

- »Wird sie sich ärgern, wenn wir beide am gleichen Tag schlecht drauf sind und ich nicht sehr aufmerksam erscheine, weil ich zu sehr mit meinen eigenen Problemen beschäftigt bin?«
- »Werde ich in frustrierenden Zeiten, wenn der Junggesellenstand etwas zu sein scheint, an dem ich hätte festhalten sollen, erkennen, daß meine Frustration meine Wahrnehmung trübt?«
- »Werde ich mich daran erinnern, daß ein Streit, wenn er auch häßlich ist, nicht bedeutet, daß unsere Liebe gestorben ist, sondern vielmehr, daß wir beide noch reifer werden müssen?«
- »Werden wir einander weiterhin die Freiheit und Ermutigung lassen, uns in unserer Persönlichkeit weiterzuentwickeln, wie wir es heute tun?«
- »Werden wir weiterhin aus lauter Liebe füreinander Sorge tragen, uns miteinander austauschen und unsere Beziehung aufbauen oder wird alles im Laufe der Zeit nur noch harte Arbeit sein?«

Beate:

- »Wird er wirklich verstehen können, wenn all meine Termine auf einmal fällig werden und ich nicht sehr gut zurechtkomme? Wird er akzeptieren, daß etwas vorübergehend zu kurz kommt und daß dies das Mittagessen oder die Hausarbeit sein könnte?«

- »Werde ich es akzeptieren, wenn er, um sich nach einem Streit wieder zu beruhigen, einen Spaziergang macht, ohne daß ich mich abgewiesen oder verlassen fühle?«
- »Werde ich, nachdem ich jahrelang die Fähigkeit entwickelt habe, unabhängig zu sein und meine Probleme selbst zu lösen, in der Lage sein, die Führung meines Lebens jemand anderem zu überlassen?«
- »Wird er verstehen, daß meine Unabhängigkeit eine Gewohnheit ist und keine bewußte Beleidigung seiner Führungsrolle?«
- »Werden wir weiterhin Gott im Mittelpunkt unserer Beziehung behalten oder werden wir unsere eigenen Wege gehen und scheitern?«

Was Kurt und Beate hier zum Ausdruck bringen, ist, daß sie eine Menge Erwartungen an eine verbindliche Beziehung haben. Die meisten von uns haben ähnliche Ideen.

Unbegrenzte Phantasien

Wir müssen uns vergewissern, ob wir über unsere Erwartungen sorgfältig nachgedacht haben und ob sie realistisch sind.

Jeder von uns hat bestimmte Vorstellungen von einer verbindlichen Liebesbeziehung, die auf unserer Auffassung gründet, wie diese Beziehung aussehen sollte. Unsere Erwartungen werden normalerweise zahlreicher und bedeutsamer, wenn die Beziehung ernsthafter wird. Zum Beispiel wäre Georgette leicht enttäuscht, wenn eine Freundin ihren Geburtstag vergäße, aber sie würde sich niedergeschmettert fühlen, wenn Alex, ihr Freund, das gleiche täte. Von Alex erwartet sie nicht nur, daß er eine freundliche Geburtstagskarte schickt, sondern daß er ihr ein Geschenk macht oder sie zum Essen ausführt. Da Alex mit Georgettes Vorstellungen bezüglich der Feier ihres Geburtstags einverstanden ist und sie sich an seinem besonderen Tag revanchiert, haben sie in diesem Bereich keine Probleme.

Erwartungen, die realistisch sind, die mit dem Partner diskutiert, von ihm akzeptiert oder mit ihm ausgehandelt werden, helfen, die Beziehung zwischen den Partnern in einer festen Freundschaft zu stärken und zu festigen.

Manchmal sind unsere Erwartungen an eine Beziehung ein wenig mehr als romantische Phantasien. Wir scheinen den Millionen von Dreigroschenromanen zu glauben, die in tausend verschiedenen Verkleidungen das vertraute Märchen vom Märchenprinzen und der wunderschönen Prinzessin verkaufen, die bis an ihr Lebensende glücklich miteinander leben.

Wir möchten den Leinwandliebhabern gleichen, die, indem sie scheinbar unmögliche Hindernisse überwinden, um in die Arme des Geliebten zu gelangen, kurz vor dem Nachspann vollkommenes Glück erreichen.

Unrealistische Erwartungen zerstören Beziehungen

Eine Beziehung kann nicht überleben, wenn ein oder beide Partner an unrealistischen Erwartungen festhalten.

Unrealistische Erwartungen führen zu einer kritischen Haltung. Da niemand vollkommen ist, kann der Partner den Erwartungen nicht entsprechen. Er wird deshalb kritisiert und bekommt das Gefühl vermittelt, unzulänglich zu sein. Welches Lob er auch erhält, es scheint immer mit einem »aber ...« zu enden. Zum Beispiel: »Du siehst wunderschön aus, aber ich wünschte, du könntest pünktlich fertig sein! Wir sind schon fünfzehn Minuten zu spät dran!«

Unrealistische Erwartungen schließen eine akzeptierende Haltung aus. Das unheilbare Zaudern ihres ersten Ehemannes war in den acht Jahren ihrer Ehe für Helens organisierten »Tu-es- sofort«- Charakter besonders ärgerlich. Nach ihrer Scheidung begann Helen, mit anderen Männern auszugehen; aber wenn sie bei einem Mann den kleinsten Hinweis auf ein Zögern entdeckte, konnte sie die Verabredung nicht genießen! Sie hat nun erkannt, daß sie ihre negative Überreaktion auf diese Eigenschaft sorgfältig verlernen muß, da fast jeder Mann, den sie trifft, gelegentlich bestimmte Aufgaben aufschiebt.

Die meisten von uns reagieren auf bestimmte Charakterzüge oder Situationen übertrieben, weil wir in der Vergangenheit verletzt wurden und wir uns geschworen haben, uns nicht noch einmal auf diese Weise verletzen zu lassen. Wir müssen lernen, daß Heilung nicht nur durch das Vermeiden ähnlicher Erfahrungen geschieht, sondern auch indem wir denen vergeben, die uns verletzt haben. Nur wenn wir gelernt haben zu vergeben, können wir wahrhaft heil und frei sein, ernsthafte dauerhafte Beziehungen zu entwickeln.

Menschen sind keine vollendeten Entwürfe. Sie stehen immer in einem Prozeß der Entwicklung. Der Prozeß wird jedoch in einer Atmosphäre der Nichtannahme unterdrückt. Menschen, die unrealistische Erwartungen an ihren Partner stellen, werden auch dazu neigen, den Fortschritt ihres Partners als etwas Überfälliges anzusehen, anstatt als Grund für eine gemeinsame Feier.

Unrealistische Erwartungen sind unfair. Von unserem Partner zu erwarten, einem unrealistischen Ideal zu entsprechen, während wir selbst noch unvollkommen sind, ist der Gipfel der Ungerechtigkeit!

Dennoch träumen wir. Paul, der seit seiner Geburt Waise ist und von den anderen Kindern im Waisenhaus abgelehnt wurde, der nie eine vertrauensvolle, offene und fürsorgliche Beziehung zu einer anderen Person hatte, hat verständlicherweise eine Phantasievorstellung. Er möchte eine Person ganz für sich allein, die für ihn sorgt, an ihn glaubt und seine Leistungen bestätigt, ihn liebt und ehrt und, was am wichtigsten ist, immer zu seiner Verfügung steht, wenn er sie braucht. Er glaubt nicht, daß dies zuviel verlangt ist.

Tut mir leid, Paul, aber es ist zuviel verlangt. Von einem Menschen zu erwarten, einer anderen Person immer zur Verfügung zu stehen (körperlich, emotional, psychisch oder geistlich) ist nicht nur eine Last, sondern auch ein Ding der Unmöglichkeit. Es gibt zwar Zeiten, in denen man in idealer Weise zusammenzupassen scheint. Jede Person hat jedoch ihre individuellen Bedürfnisse, Energiezyklen und Wünsche, die nicht immer mit denen des Partners übereinstimmen. Menschen sind individuelle Persönlichkeiten, keine Kopien. Sie sind auch keine zusammenpassenden Puzzleteile mit gegenüberliegenden Höhen und Tiefen, die in der Beziehung in vollkommener Weise übereinstimmen können.

Unrealistische Erwartungen führen zu Einsamkeit. Unrealistische Erwartungen sind nicht das Problem. Das Problem ist die Weigerung, sie aufzugeben! Denn wenn man an einer Phantasievorstellung festhält, ist es unvermeidlich, daß man jeden Partner abweisen wird und schließlich allein und einsam bleibt.

Selbst der Aufbau guter Freundschaften ist für eine Person, die sich weigert, Menschen so anzunehmen, wie sie sind, schwierig. Wir alle brauchen Austausch, Konflikte, die kreativ und liebevoll ausgetragen werden, Bestätigung und Feedback, insbesondere von guten Freunden. Jemand, der von anderen Vollkommenheit erwartet, kann jedoch weder ein aufrichtiger Freund sein noch einen aufrichtigen Freund haben. Daher wird sein persönliches Wachstum gehemmt.

Unrealistische Erwartungen erkennen

»Aber ich erwarte keine Perfektion«, argumentiert Bob. »Ich möchte nur, was jeder Mann von einer Frau will. Ich möchte, daß Carla rücksichtsvoll ist, wenn ich müde bin, und verständnisvoll, wenn ich lange arbeiten muß. Ich habe ihr das mehrmals gesagt, aber sie hört einfach nicht zu.«

Bob hat in Wirklichkeit zwei Probleme. Erstens haben wenige Menschen an eine Beziehung die gleichen Erwartungen und zweitens hat er Carla nie erklärt, welche bestimmten Handlungen er von ihr erwartet.

Wenn Bob lange arbeitet, versucht sie, verständnisvoll zu sein, indem sie ihm ein spätes Abendessen vorbereitet, ihm viel Sympathie und Aufmerksamkeit widmet, während sie Dutzende von besorgten Fragen über die Ereignisse des Tages stellt. Bob fühlt sich belästigt. Ihm wäre es lieber, wenn Carla ihre Verabredung ausfallen lassen würde, wenn sie ihn heimgehen ließe, damit er sich ins Bett legen könnte, ohne lange Telefongespräche führen zu müssen, und wenn sie ihn nicht früh am nächsten Morgen anriefe. In dieser Situation mag Bobs grundlegende Erwartung vollkommen vernünftig sein, aber seine Erwartung, daß Carla weiß, was er meint, ohne daß er es ausspricht, ist unrealistisch.

Vielleicht haben auch Sie sich dessen schuldig gemacht, so zu handeln, als ob Sie und Ihr Partner Gedanken lesen könnten. Nehmen Sie sich Zeit zu überprüfen, was Ihr Partner Ihrer Meinung nach von Ihnen möchte, und auch um genau zu erklären, was Sie sich in Ihrer Beziehung wünschen.

Die meisten Menschen, die es mit ihrer Beziehung ernst meinen, sind bereit, mit ihren Erwartungen innerhalb realistischer Grenzen zu bleiben. Das Problem besteht darin, daß uns häufig nicht bewußt ist, unrealistische Erwartungen zu haben. Wenn wir uns an einen Computer setzen, einen Knopf drücken und einen Ausdruck unserer Erwartungen an unseren Partner erhalten könnten, fänden wir es vielleicht einfacher, mögliche Problembereiche zu erkennen. Unglücklicherweise geht das nicht. Deshalb bleibt es uns überlassen, die Erwartungen zu diskutieren, die uns bewußt sind, und uns mit dem Rest zu beschäftigen, wenn Probleme auftreten.

Oft können wir unerfüllte Erwartungen erkennen, wenn wir negative Gefühle gegenüber unserem Partner empfinden. Zum Beispiel:

Enttäuschung

Die Aussage	»Ich bin so enttäuscht, wir haben uns nicht ›Holiday on Ice‹ angesehen, als sie in der Stadt waren.«
kann heißen	»Wir hatten darüber gesprochen hinzugehen, und er hatte versprochen, Karten für eine der Shows zu besorgen. Deshalb hatte ich erwartet, er würde die Sache durchziehen.«
oder	»Ich habe nicht gesagt, daß ich gerne hingehen würde, aber ich erwartete von ihm, daß er wüßte, daß ich so etwas tun wollte.«

Ärger

Die Aussage	»Sie hatte nicht das Recht, ein anderes Paar zu unserer Verabredung einzuladen, ohne mich vorher zu fragen!«

kann heißen — »Da wir vereinbarten, diese Art von Entscheidungen miteinander abzusprechen, hat sie unsere Abmachung gebrochen.«

oder — »Ich erwartete, daß sie heute abend mit mir allein sein wollte. Wenn ich niemand anderes brauche, warum sollte sie es dann?«

Groll

Die Aussage — »Er gibt all seine Zulagen für seine Kinder aus erster Ehe aus, und wir können es uns nicht leisten, wenigstens einmal im Monat in ein Restaurant essen zu gehen!«

kann heißen — »Ich erwarte, daß er mir gegenüber genauso großzügig ist wie anderen gegenüber.«

oder — »Ich wäre wirklich froh, er vergäße, daß diese Kinder je existierten!«

Frustration

Die Aussage — »Sie verbringt soviel Zeit am Telefon mit Freunden, daß ich manchmal fünf- oder sechsmal wählen muß, bevor ich sie erreiche.«

kann heißen — »Ich erwarte, daß ich ihr wichtiger bin als irgendeine ihrer Freundinnen.«

oder — »Ich erwarte, daß sie zu meiner Verfügung steht, wann immer ich mit ihr sprechen möchte.«

Verstehen Sie den Hinweis

Die Alternative zum Hegen unrealistischer Erwartungen ist, die Realität zu akzeptieren und sich mit ihr zu befassen. Der Preis dafür ist, daß man Träume aufgeben muß – der Gewinn ist persönliches Reifwerden und die Gelegenheit, wunderbare Beziehungen aufzubauen, nicht nur mit Freunden, sondern auch mit einem festen Freund.

Wie Sie aus den obigen Beispielen ersehen können, sind negative Gefühle manchmal Signale, die auf unrealistische Erwartungen hinweisen. Jedesmal, wenn Sie negative Gefühle gegenüber Ihrem Partner empfinden, sollten Sie die Gelegenheit ergreifen, um zu untersuchen, was hinter diesen Gefühlen steckt.

Realistische Erwartungen können diskutiert und möglicherweise erfüllt werden. Wenn die unerfüllte Erwartung im Rahmen der Beziehung realistisch ist, können Sie Ihrem Partner Ihre Gefühle mitteilen. Wenn Sie negative Gefühle ausdrücken, sollten die Aussagen nie anklagend sein:

»Du hast mich verletzt!« Sie sollten statt dessen Information vermitteln und gleichzeitig die Verantwortung für das Gefühl übernehmen: »Wenn du das und das tust, habe ich das Gefühl, ...«

Es ist wichtig, sich klarzuwerden, daß das Ausdrücken negativer Gefühle den Zuhörer in keiner Weise verpflichtet, sein Verhalten zu ändern. Die Verhaltensänderung ist immer eine Entscheidung. Häufig wird der andere jedoch seine Sichtweise oder die Gründe für sein Verhalten erklären. Dadurch wird die Verletzung aufgehoben, und man versteht den anderen. Häufig wird er seine Erklärung mit dem Versprechen, sich zu ändern, verbinden, so daß der Partner in Zukunft nicht verletzt werden wird.

Unrealistische Erwartungen können aufgegeben werden. Wenn Sie beim Überprüfen negativer Gefühle gegenüber Ihrem Partner entdecken, daß Sie unrealistische Erwartungen hegen, können Sie die Wahl treffen, sie loszulassen, und sich dadurch selbst von zukünftigem Schmerz befreien.

Stellen Sie Fragen

Eine Umfrage bei Männern und Frauen, die gläubig sind, ergab die folgende Auflistung von Erwartungen, die an den Partner gestellt werden. Stimmen Sie diesen Merkmalen zu? Verbringen Sie einen oder zwei Abende damit, über die Listen zu diskutieren, und erklären und ergründen Sie die besonderen Verhaltensweisen, die Sie an einem Lebenspartner wünschenswert finden.

Den befragten Frauen zufolge sollte der ideale Mann:

- Christus in seinem Leben an die erste Stelle setzen, er sollte im Wort gegründet und ein geistlicher Leiter sein. Gottesdienstbesuch und Dienst in der Gemeinde wären ein wichtiger Bestandteil seines Lebens.

Er wäre

- fähig zu führen. Gute Entscheidungen zu treffen und die Verantwortung dafür zu übernehmen, daß Pläne durchgeführt werden, sind wichtig für die Rolle des Familienoberhauptes. Die meisten Frauen zogen jedoch einen Führungsstil, der Mitbestimmung zuläßt, dem diktatorischen Führungsstil vor.
- zärtlich und liebevoll. Er sollte seine Liebe sowohl in Worten als auch in Taten zeigen.
- selbstbeherrscht. Ein ungezügeltes Temperament oder eine ungezügelte Zunge, die Neigung zu körperlicher Gewalt und Unverantwortlichkeit im finanziellen Bereich wurden als Gründe dafür aufgeführt, warum Frauen den Respekt vor einem Mann verlieren. Er sollte auch Herr seiner sexuellen Wünsche und moralischen Entscheidungen sein.
- männlich. Die meisten Frauen wünschten sich, daß ihre Männer mehr Eigenschaften von Liste I als von Liste II (Kapitel 6) hätten.

- rücksichtsvoll. Sensibilität für die Gefühle anderer und keine Angst davor, Kontakt aufzunehmen und sich auf emotionaler Ebene zu öffnen, hatten einen hohen Stellenwert auf der Liste.
- gepflegt und gut gekleidet.

Den befragten Männern zufolge sollte die ideale Frau:

- Christus in ihrem Leben und in der Beziehung an die erste Stelle setzen. Ihre persönliche Beziehung zu Gott sollte stark und eng sein. Sie sollte sich in der Gemeinde engagieren.
- bereit sein, sich unterzuordnen. Unterordnung wurde definiert als »freiwillige Kooperation bei der Führung des anderen.«
- ansprechbar, liebevoll und zärtlich sein. Die Männer wünschten sich Frauen, die auf ihre Liebe reagierten und als Ehefrauen begeisterte Partnerinnen beim Sex wären.
- unterstützend sein. Die Männer nannten den Wunsch nach Unterstützung beim Treffen von Entscheidungen, bei Erfolgen und bei erbärmlichen Mißerfolgen. Durch Kritik, Herumnörgeln, Klagen und Herabsetzen könnte eine Beziehung leicht zerstört werden.
- weiblich sein. Die meisten Männer wünschten sich, daß ihre Frauen mehr Eigenschaften von Liste II als von Liste I (Kapitel 6) hätten.
- sanft im Geist sein. Es wurde erwähnt, daß viele Frauen, die niemals körperlich gewalttätig würden, in ihrem Herzen Haß und Bitterkeit hegen. Diese Männer wünschten sich, daß ihre Frauen ihr emotionales Leben beherrschen würden und zu ihren negativen Gefühlen aufrichtig genug ständen, um sich mit ihrem Partner liebevoll darüber auseinandersetzen zu können.
- gepflegt und gut gekleidet sein.

Den Mut haben, aufrichtig zu sein

Wenn Menschen in einer Beziehung ehrlich und offen werden, bis zu dem Punkt, daß sie einander mitteilen, was sie sich am meisten in einer Partnerschaft wünschen, erfahren sie auf einmal eine große Freiheit. Verschwunden ist die Angst, den Partner versehentlich zu verletzen. Frustrierende Versuche, zu erraten, was der andere erwartet, werden überflüssig. Das gegenseitige Vertrauen wächst, da jeder Partner weiß, wo er oder sie steht. Und mit dem Grad der Offenheit ergibt sich auch eine entsprechende Erhöhung des Grades der Vertrautheit.

Manchmal entdecken Partner in einer festen Freundschaft, die beginnen, miteinander ehrlich zu werden, daß ihre Erwartungen sehr unterschiedlich sind. Keine der beiden Personen ist jedoch bereit, nachzugeben oder sich in irgendeiner Weise zu ändern. In solchen Situationen – wenn man den anderen nicht akzeptieren oder Unterschiede nicht aushandeln kann – ist die einzige verantwortliche Entscheidung, von der Vertrautheit einer festen Freundschaft abzurücken und zur Freundschaftsstufe zurückzukehren. Eine Fortsetzung der vertrauten Beziehung würde nur bedeuten, daß man sich schließlich verletzt.

Das Wiederloslassen einer festen Beziehung kann, selbst wenn sie unbefriedigend ist, in Schrecken versetzen. Wir gewinnen die Überzeugung, daß wir nie einen anderen Partner finden werden. Wir befürchten, für immer allein und einsam zu sein. Wir haben Angst, daß wir unsere Entscheidung, die Beziehung zu beenden, später bereuen werden. Folglich beginnen wir manchmal – anstatt dem ins Auge zu sehen, wer wir sind und wie wir auf unseren Partner reagieren – unerbetene Opfer zu bringen. Natürlich haben wir irgendwo im Hinterkopf die Idee, daß uns diese Selbstverleugnungen in Zinsen zurückgezahlt werden. Bald jedoch ist die Beziehung aus dem Gleichgewicht geraten und einseitig, und die nicht anerkannte Schuld wächst.

Das häufigste Ergebnis ist ein wütendes Auseinandergehen und der Tod der Beziehung, wenn der gebende Partner entweder zu einem »Niemand« wird oder beschließt, eine Gegenleistung zu fordern, um selbst einmal der Empfangende zu sein.

Nancy und Tom hatten dieses Problem. In den zwölf Monaten, in denen sie zusammen waren, hatte Nancy Tom immer entscheiden lassen, was sie tun und wohin sie gehen wollten. Da sie seine Gesellschaft genoß, machte es ihr nichts aus, an Orte zu gehen, an die sie ohne ihn nicht gegangen wäre. Die Freude, einfach zusammenzusein, schien zu genügen. So sah sie sich Sport an, ging zu Science-Fiction-Filmen, aß mindestens einmal die Woche chinesisch und hörte stundenlang zu, wenn er über seine Arbeit, seine Interessen und Pläne erzählte. Tom wußte immer, was er wollte, oder hatte über alles seine Meinung, deshalb äußerte Nancy kaum ihre Meinung und machte keine Vorschläge. Sie trug ihr Haar, wie es ihm am besten gefiel und kleidete sich nach seinem Geschmack. Selbst wenn er ein paar Stunden zu spät zum Essen kam (ohne vorher bei ihr anzurufen, um ihr Bescheid zu sagen) oder wenn er sie in Verlegenheit brachte, indem er sie in der Öffentlichkeit aufzog, sagte sie kein Wort.

Nancy sagte Tom nie, daß sie sich danach sehnte, ihre Gefühle und Ideen mit ihm zu teilen, oder daß sie manchmal das Gefühl hatte, daß er sie nicht wirklich liebte, weil er so gedankenlos war. In der Verborgenheit ihres Schlafzimmers vergoß sie Tränen des Verletztseins und des Grolls. Sie träumte jedoch oft davon, daß Tom ihr ihre Ergebenheit vergelten würde und die Dinge tat, wie sie es wünschte, oder er sich hin und wieder besonders anstrengte, um sie zu erfreuen.

Zuerst hatte Tom gedacht, daß er die perfekte Partnerin gefunden hätte. Wie es schien, hatten sie die gleichen Vorlieben und Vorstellungen vom Leben. Aber nach einem Jahr begann er zu fühlen, daß er die Verantwortung für die ganze Beziehung trug, weil er alle Entscheidungen treffen mußte. Nancy schien nie die Initiative zu ergreifen; jetzt, wo er darüber nachdachte, fand er sie fast langweilig!

Eines Abends versuchte er Nancy seine Bedenken zu erklären. Er bat sie, etwas bestimmter zu sein und mehr von ihrer Persönlichkeit in die Beziehung einzubringen. Nun, Nancy nahm ihn beim Wort und begann, zum Ausdruck zu bringen, daß es ihr mißfiel, jeden Abend Sportsendungen im Fernsehen anzuschauen, und daß sie Musikfilme bevorzugte. Sie aß am liebsten italienisch und französisch. Je mehr sie sich öffnete, um so weniger hatten sie gemeinsam – das erkannte Tom. Sehr überrascht beschloß er, die Beziehung abzubrechen.

Nancy war ärgerlich, verwirrt und verletzt. Und doch hatte sie die Situation hervorgerufen, indem sie Tom gegenüber von Anfang an nicht aufrichtig war. Sie hatte Tom dazu gebracht zu glauben, daß sie die Person sei, die sie vorgab. Obwohl Nancy die Beziehung mit Tom noch ein wenig länger hätte fortsetzen können, wenn sie nicht offen gewesen wäre, wäre das Endergebnis das gleiche gewesen.

Es ist manchmal schmerzlich, offen und ehrlich zu sein, doch ist es auf lange Sicht schmerzlicher, nicht offen und nicht ehrlich zu sein!

Aufrichtigkeit bewirkt, daß die Beziehung im Gleichgewicht ist, daß die Partnerschaft sowohl Geben als auch Nehmen einschließt, daß man durchführbare Kompromisse und Problemlösungen findet, die beide Partner befriedigen. Aufrichtigkeit verhindert den Aufbau von Groll und Bitterkeit.

Es braucht Zeit

Die Zeit, zusammen konstruktiv zu verbringen (Kapitel 3), und offen über Gefühle und Erwartungen zu reden, sind wichtige Wege, um dauerhafte Beziehungen aufzubauen, die frei von destruktiven Spielen sind. Die frühen Stadien einer Beziehung sind die Zeit, in der man einander Ideen, Meinungen, Lebensstile, Träume, Vorlieben und Gefühle mitteilt, so daß man seinen Partner kennenlernt, anstatt Dinge über ihn anzunehmen.

Natürlich ist der Lernprozeß niemals abgeschlossen, da sich eine Person ständig verändert, während sie danach strebt, der Mensch und der Partner zu werden, den Gott von ihr erwartet.

Sich der Persönlichkeit eines anderen Menschen anzupassen ist ein langer Prozeß. Man muß entscheiden, zu welchen Lebensänderungen man bereit ist, und dann die entsprechenden neuen Verhaltensweisen einüben. Auch wenn zwischen zwei Menschen sofortiges Vertrauen, Liebe und Übereinstimmung zu herrschen scheinen, muß die Verläßlichkeit erster Eindrücke über einen Zeitraum hinweg überprüft werden. Wenn Vertrauen oder Liebe zu schnell vorausgesetzt wird, ist keine echte Basis für eine Beziehung gegeben. Wenn Schwierigkeiten auftreten und das Vertrauen verletzt oder die Liebe mißachtet wird, kann es sein, daß die ganze Beziehung zu leicht aufgegeben wird. Wenn das Vertrauen statt dessen durch viele Erfahrungen aufgebaut wurde, kann es Angriffe und Probleme überstehen.

Partner, die Offenheit und gegenseitige Annahme anstreben und deren Beziehung die Probe der Zeit überlebt, kommen soweit, daß sie die Stabilität der Wirklichkeit der Phantasie der Träume vorziehen.

8

Miteinander bauen

Im Kamin der Hütte loderte das Feuer warm. Nachdem die vier Paare den Vormittag in Workshops und den Nachmittag mit Bergsteigen verbracht hatten, waren sie zufrieden, einfach am Feuer zu sitzen, Kaffee zu trinken und zu reden.

»Gelingende christliche Partnerschaften« war das Thema der Wochenendrüstzeit, deshalb kehrte die Unterhaltung schließlich ganz natürlich zum Thema des morgendlichen Workshops zurück: »Ziele setzen und erreichen.«

»Habt ihr langfristige Ziele für euch als Paar diskutiert?« fragte Richard und begann damit eine lange Diskussion, während jedes der Paare seine Ziele mitteilte. Einige davon waren:

- eine Berghütte bauen,
- umziehen und bessere Arbeitsstellen finden
- einander nacheinander durch die Schule bringen,
- so viel wie möglich reisen,
- in einigen Monaten heiraten und dafür sorgen, daß die Beziehung funktioniert,
- langfristig ein eigenes Zuhause besitzen.

Kurzfristige Ziele betrafen in der Regel solch schlichte praktische Einzelheiten wie

- das laufende Semester im College beenden,
- einen Sommerjob finden,
- ein Hochzeitsdatum festlegen.

Warum Ziele setzen?

Das Setzen von Zielen ist für den Menschen wichtig, denn es trägt zu einem positiven Selbstbild bei. So wird jeder Mensch Ziele festsetzen wollen und planen, sie zu erreichen. Der Prozeß des Zielesetzens hilft, unrealistische Erwartungen zu erkennen und aufzugeben. Außerdem geben Ziele Richtung und Sinn und eignen sich daher bestens, Langeweile und Depression zu vertreiben. Das Erreichen von Zielen vermittelt das Gefühl, etwas geleistet zu haben, und ein Gefühl von Befriedigung und Vertrauen.

Folglich ist der Vorgang des Zielsetzens und -verfolgens für zwei Menschen, die daran arbeiten, eine vertraute dauerhafte Beziehung zu entwickeln, sehr wichtig. Der Prozeß des Zielsetzens und Planens hilft dem Paar, ihre Erwartungen bezüglich spezifischer Verhaltensweisen zu erkennen und zu diskutieren. Werden Erwartungen klar, können die Partner ihnen zustimmen, über sie verhandeln oder sie durcharbeiten. Es ist zu hoffen, daß sie unrealistische Erwartungen ändern oder ablegen.

Während das Paar die gemeinsamen Ziele miteinander bestimmt und in der Reihenfolge der Wichtigkeit aufführt, beginnt es, sich über die Richtung, in die die Beziehung führen soll, zu einigen. Beim Diskutieren über Unterschiede bezüglich der relativen Wichtigkeit von Zielen oder Werten kann man lernen, einander besser zu verstehen, das Lösen von Konflikten üben und in die Beziehung investieren. Die geteilte Befriedigung über das Erreichen eines gemeinsamen Zieles vergrößert die Vertrautheit und den Grad der Verbindlichkeit in der Partnerschaft.

Partner, die eine verbindliche Beziehung eingegangen sind, werden nicht nur gemeinsame Ziele haben wollen, sondern auch individuelle, die die Ermutigung und die Unterstützung des Partners erfordern.

Laura hatte Schwierigkeiten, mit Vertretern, die großen Druck ausübten, umzugehen, und das Ergebnis war, daß sie einige unpassende und teure Käufe getätigt hatte. Sie wollte diese Sache besser in den Griff bekommen. Eines Abends teilte sie dieses Ziel ihrem festen Freund Rob mit.

Zusammen stellten sie fest, was Laura tatsächlich wollte, nämlich fähig sein, einem Vertreter zuzuhören, objektiv zu entscheiden, ob der Kauf klug wäre, und eine Entscheidung zu treffen, bei der sie auch am nächsten Tag ein gutes Gefühl haben würde.

Als erstes stellten sie eine Liste von Fragen auf, die Laura als Kriterium zur Beurteilung eines Kaufes benutzen wollte. Als nächstes führten sie Taktiken auf, durch die großer Druck ausgeübt wird und denen sie so schwer widerstehen konnte. Dann arbeiteten sie Reaktionen auf diese Taktiken aus, die Laura erlauben würden, eine objektive Entscheidung zu treffen. Im Falle einer Vorgehensweise des Vertreters, die sie nicht diskutiert hatten, wollte Laura die Entscheidung lange genug hinauszögern, um mit Rob Kontakt aufnehmen zu können, der ihr helfen würde, ihre Objektivität zurückzugewinnen. (Die endgültige Entscheidung würde jedoch bei ihr liegen.)

Zuletzt versuchten sie, jede der diskutierten Situationen durchzuspielen. Manchmal übernahm Laura die Rolle des Vertreters, was ihr erkennen half, wie Rob bei der Interaktion die Kontrolle behielt, indem er die Techniken benutzte, die sie diskutiert hatten.

Wenn Laura während der nächsten Wochen eine Erfahrung mit einem Vertreter hatte, überprüften sie und Rob ihre Erfolge und diskutierten Bereiche, die sie immer noch schwierig fand. Als sie in der Lage war, erfolgreich mit drei Verkaufssituationen umzugehen, freute sich Rob mit ihr über ihren Erfolg, da er an dem Lernprozeß beteiligt gewesen war.

Ziele auswählen

Manchmal haben die Ziele, die wir uns setzen, mit dem Verlauf unseres Lebens im allgemeinen zu tun: den Lebensunterhalt verdienen, Besitz erwerben, Aufgaben erfüllen oder Fähigkeiten erlernen. Wenn Sie sich jedoch darauf konzentrieren wollen, in Ihrer Beziehung ein besserer Partner zu werden, könnten Sie über folgende Fragen nachdenken:

- Welche Eigenschaften sollte ich entwickeln?
- Welche kommunikativen Fähigkeiten fehlen mir?
- Welche praktischen Fähigkeiten muß ich lernen (z.B. einen Haushalt führen oder sich um ein Auto kümmern)?

Gemeinsame Ziele könnten betreffen:

- Die Zeit, die man im Monat miteinander verbringt,
- Der Grad der emotionalen Vertrautheit der Beziehung,
- Wege, um die Beziehung unter Kontrolle zu halten,
- Methoden, wie man dafür Verantwortung trägt, die Beziehung zu kontrollieren,
- Ob man zu einem Berater gehen will und wenn ja, für wie lange,
- Wie gemeinsame Zeit verbracht wird,
- Wieviel Zeit allein für Aktivitäten verbracht wird, die den Partner betreffen (Telefongespräche oder Briefeschreiben),
- Wie man feststellt, wo der Partner in seinem/ihrem persönlichen Wachstum steht,
- Wann und wie man die gegenseitigen Erwartungen an den Partner und an die Beziehung austauscht und diskutiert,
- Lernen, was am anderen einzigartig und besonders ist,
- Wie man Konflikte löst,
- Wie und wann negative Gefühle diskutiert werden sollen.

Dies alles sind wichtige Bereiche, in denen wir uns Ziele setzen sollten. Als Christen haben wir jedoch noch ein weiteres Ziel zu berücksichtigen – Gottes Willen und Plan für unser Leben.

Beim Festlegen persönlicher Ziele wird ein Christ deshalb über die folgenden Fragen nachdenken wollen:
- Was ist das übergreifende Ziel meines Lebens?
- Welche geistliche(n) Gabe(n) habe ich, und wie kann ich sie zu seiner Ehre gebrauchen?
- Welche christusähnlichen Eigenschaften fehlen in meinem Leben oder sind unterentwickelt?
- In welcher Weise engagiere ich mich in der örtlichen Kirchengemeinde?
- Wie kann mein Leben Gott besser verherrlichen und als Zeugnis seiner Macht dienen?

Partner, die gläubig sind, werden sich nicht nur gegenseitig helfen, persönliche Ziele zu entwickeln, sondern ihre Beziehung auch nach biblischen Normen für echte Liebe beurteilen wollen.

Sobald ein Paar für seine Partnerschaft eine umfassende Liste von Zielen aufgestellt hat (sowie persönliche Ziele für jeden einzelnen), ist der nächste Schritt, die Prioritäten dieser Ziele zu bestimmen. Es ist klug, nur an ein bis drei Zielen oberster Priorität gleichzeitig zu arbeiten, falls innerhalb einer angemessen kurzen Zeit Erfolg erzielt werden soll.

Genau definierte Ziele entwickeln

Damit der Prozeß des Zielesetzens Erfolg haben kann, müssen Ziele erreichbar, meßbar, zeitlich begrenzt sein und schriftlich festgehalten werden.

Erreichbar

Ein Ziel muß etwas sein, das innerhalb des festgelegten Zeitrahmens erreicht werden kann. Jeder hat einige große Träume, aber tatsächliche Ziele müssen realistisch sein. Was auch immer dazu nötig ist, ein Ziel zu erreichen, muß im Einflußbereich der Person liegen.

Meßbar

Wenn Ziele im allgemeinen nicht mit meßbaren Worten formuliert werden, weiß man nicht, wann die Ziele erreicht wurden. Ziele, die brauchbar sein sollen, müssen genau bezeichnet werden. »Meßbar« bedeutet, daß man festlegt, wie viel, wie oft, wie lang oder was genau bewirkt sein wird, wenn das Ziel erreicht ist.

Zeitlich begrenzt

Ziele ohne Zeitbegrenzung haben wenig Wert. Man muß einen Zeitrahmen aufstellen, innerhalb dessen man sein Ziel erreichen wird. Natürlich müssen die Fristen vernünftig sein und, wenn ein unerwarteter Umstand eintritt, geändert werden können. Eine Änderung des Zeitrahmens sollte jedoch sorgfältig abgewogen werden; wenn er zu oft geändert wird, verliert er seinen Wert.

Beim Aufstellen von dem Zeitrahmen ist es am besten, sich auf Ziele zu konzentrieren, die innerhalb von drei Monaten oder weniger erreicht werden können. Dies ermöglicht eine häufige Verstärkung der aufgewendeten Anstrengungen. Ein Ziel, das zu langfristig ist (die Bibel für den Rest seines Lebens täglich zwanzig Minuten lesen), kann nicht erreicht werden, weil man erst am Ziel angelangt ist, wenn das Leben vorbei ist! Langfristige Ziele können alle drei Monate neu gesetzt werden.

Schriftlich festgehalten

Die besten Ziele der Welt sind wertlos, wenn sie nicht ausgeführt werden. Deshalb ist es nötig, daß man durch das schriftliche Festhalten der Ziele Verantwortung für sie übernimmt. Dieses Festhalten der Pläne auf dem Papier macht sie sichtbar und kann uns an das erinnern, auf das wir uns konzentrieren sollen. (Ein Beispiel, Abbildung 8-1, finden Sie am Ende dieses Kapitels.)

Setzt man sich keine Abschlußdaten bzw. übt man nicht die Disziplin, seine Pläne durchzuziehen, hat man oft mehrere halbbeendete Projekte laufen. Ohne eine schriftliche Erinnerung zögert man oft so lang, daß man nie dazu kommt, an seinen Zielen zu arbeiten.

Durchziehen

Das Setzen von Zielen ist eine bedeutungslose Übung, wenn die Pläne nicht durchgeführt werden. Falls trotz der Tatsache, daß das Ziel schriftlich niedergelegt wurde und es die oben genannten Kriterien für ein angemessenes Ziel erfüllt, eine Person herausfindet, daß sie entweder einen Widerwillen dagegen empfindet, mit der Aufgabe zu beginnen, oder daß es unmöglich war, das Ziel rechtzeitig zu erreichen, wird eine weitere Beurteilung erforderlich. Personen, die zögern, bevor sie mit einer Aufgabe beginnen, haben vielleicht Angst, zu scheitern oder zu entdecken, daß dieses Ziel doch nicht eine ihrer obersten Prioritäten darstellt, selbst wenn sie denken, daß es so sein sollte. Wenn Abschlußdaten trotz aufrichtigen Bemühens nicht erreicht werden können, war das Ziel für den festgelegten Zeitraum vielleicht zu ehrgeizig. Ein langfristiges, komplexes Ziel wird am besten in kleinere, vernünftige Schritte aufgeteilt, die in kürzeren Zeiträumen erreicht werden können, so daß der Erfolg nach jedem Schritt bestätigt werden kann.

Feiern Sie Ihren Erfolg

Jedesmal, wenn Sie und Ihr Partner ein Ziel erreichen, loben Sie einander und feiern Sie Ihren Erfolg. Diskutieren Sie, welche Auswirkung dieser Erfolg auf Ihre Beziehung hat. Sprechen Sie miteinander über Ihre Gefühle bezüglich der Schritte, die Sie unternommen haben, und bezüglich des Erreichten. Sprechen Sie über die nächsten Ziele, an denen Sie gemeinsam arbeiten wollen ... und beobachten Sie, wie Ihre Beziehung enger als je zuvor wird.

Abbildung 8-1

Formular zum Setzen von Zielen

Das Lebensziel des Christen ist es, *Gott zu verherrlichen und sich für immer an ihm zu freuen.* Dies zeigt klar die Richtung auf, die unser neues Leben in Christus nehmen soll. Wir brauchen jedoch auch Ziele, die uns helfen, dieses herausfordernde übergreifende Ziel zu erreichen.

Ein Ziel ist ein zukünftiges Ereignis, das in einer vorgegebenen Zeit erreicht und durch das unser Fortschritt gemessen werden kann. Wir brauchen Ziele, die uns helfen, dort anzukommen, wo Gott uns haben will, und zu erreichen, was wir uns vorgenommen haben. Damit unser Lebensziel Realität wird, müssen wir langfristige, kurzfristige und sofortige Ziele setzen.

Sofort	Kurzfristig	Langfristig	Lebensziel
Jetzt	Nächstes Jahr	Fünf Jahre	15-20 Jahre

Um Ziele zu setzen, ist es nötig, unsere Beziehung zu Jesus Christus, die Gemeinschaft der Gläubigen und das Werk Christi zu verstehen. Die Hingabe an Jesus als Herrn ist das Fundament, auf das wir bauen, wenn wir unsere Lebensziele verfolgen. Unsere Verpflichtung der Gemeinschaft der Gläubigen – seinem Leib – gegenüber macht unser Wachstum zur Reife möglich, und die Verpflichtung dem Werk Christi gegenüber sichert uns ein erfüllendes Lebensziel.

Planen von Zielen

1. Haben Sie ein Lebensziel? Wie lautet es?
2. Was, denken Sie, sollen Sie nach Gottes Willen in fünfzehn oder zwanzig Jahren erreicht haben?
3. Beschreiben Sie, welche Fortschritte Sie gerne in fünf Jahren gemacht haben möchten, um diesem Ziel näherzukommen?
4. Welche praktischen kurzfristigen Ziele sollten Sie in diesem Jahr im Hinblick auf Ihr Lebensziel zu erreichen versuchen?
5. Notieren Sie die Wünsche, die die Mitwirkung einer anderen Person erfordern. Beispiel: »Verbesserung meiner festen Freundschaft.«

Ziele sollten meßbar sein. Sie sollten mit Ja oder Nein beantworten können, ob sie erreicht worden sind.

	Persönlich	Familie	Arbeit	Dienst in Gemeinde
Sofort bis ...				
Nächster Monat bis ...				
In drei Monaten bis ...				
In sechs Monaten bis ...				
In 1 Jahr bis ...				
In 2 Jahren bis ...				

6. Welche Ziele haben Sie im letzten Jahr erreicht?

1-3 Monate				
4-6 Monate				
7-9 Monate				
10-12 Monate				

9

Vorsicht Falle!

Der Aufbau einer vertrauten Beziehung zwischen einem Mann und einer Frau ist eine der aufregendsten und befriedigendsten Erfahrungen im Leben, doch fällt es manchmal schwer, die Aktivitäten zum Aufbau von Vertrautheit über einen genügend langen Zeitraum zu verteilen, so daß die Beziehung an Tiefe gewinnen kann. Man ist versucht, sich viel zu schnell zu binden, die Entwicklung zu beschleunigen und sofort so viel Zeit wie möglich miteinander zu verbringen.

Betrachten wir anhand des Talley-Schaubild-Modells, welche Folgen es hat, wenn wir eine Beziehung zu schnell angehen.

Eine natürliche Entwicklung

Jutta und Bernd begannen im Januar, miteinander auszugehen, und hatten bis März beschlossen, mehr als vertraute Freunde zu werden. Obwohl sich die Zeit, die sie miteinander verbrachten, nur wenig schneller addierte, als es die Kurve darstellt (siehe Abbildung 9-1), nahmen sie etwa einen Monat vor ihrer Hochzeit sexuelle Beziehungen auf.

Eine sinnliche Entwicklung

Doris und Renes Beziehung begann ähnlich wie bei Jutta und Bernd, mit dem Unterschied, daß sie nach drei Monaten Freundschaft entschieden mehr Zeit miteinander verbrachten. Wie Sie in Abbildung 9-2 sehen können, begannen sie kurz nach fünf Monaten Freundschaft mit starkem Petting. Ungefähr eine Woche lang versuchten sie, das Ganze wieder abkühlen zu lassen, aber da sie weiterhin lange Abende miteinander verbrachten, schliefen sie bald regelmäßig miteinander.

Eine von Lust gesteuerte Entwicklung

Ab Beginn ihrer Freundschaft begannen Ann und William, miteinander zu schlafen, und sie zogen innerhalb von fünf Wochen, nachdem sie sich getroffen hatten, zusammen. Sie wußten sehr wenig voneinander und hatten nicht die Zeit gehabt, eine gute Beziehung aufzubauen. Für sie ging es nur um eine günstige Verbindung, die auf körperlicher Anziehung und emotionaler Erregung basierte, nicht um eine dauerhafte Bindung auf der Grundlage einer Freundschaft (siehe Abbildung 9-3).

Worin besteht also das Problem?

»Es kann sein, daß ich später verletzt werde«, gibt Doris ehrlich zu, »aber im Augenblick genieße ich einfach, was ich mit Rene habe!«

Doris Voraussage wird sich erfüllen; sie wird durch die Beziehung verletzt werden. Und Rene auch – aus dem gleichen Grund! Darin besteht das Problem, wenn man die Entwicklung einer Beziehung außer Kontrolle geraten läßt, wie es bei den drei erwähnten Paaren der Fall war.

Probleme bei der natürlichen und sinnlichen Entwicklung. Weil diese zwei Arten von Beziehungen schnell von dem Stadium der lockeren Freundschaft in das der körperlichen und emotionalen Vertrautheit übergehen, ist es sehr wahrscheinlich, daß das Paar die nötigen Fähigkeiten nicht genügend entwickelt hat, um die Vertrautheit auf jeder Stufe der Freundschaft zu erhalten. Dies sind jedoch genau die Fähigkeiten, die in einer lebenslangen Ehe am bedeutsamsten werden. Zu heiraten, ohne diese Fähigkeiten zu erwerben, ist mit dem Versuch vergleichbar, den Mont Everest zu besteigen, nachdem man nur an einem Wochenendkurs im Bergsteigen teilgenommen hat!

Ein zweites Problem besteht darin, daß sich der Aufbau einer Beziehung über einen genügend langen Zeitraum erstrecken muß, damit die romantischen Phantasievorstellungen der Realität Platz machen können. Wird die Beziehung beschleunigt, bleibt sie jedoch so aufregend, daß der romantische Traum am Leben erhalten wird, wenn er eigentlich verblassen sollte. Mit anderen Worten: Wenn sich ein Paar emotional aneinander bindet, ist da die anfängliche Erregung, zu jemandem Besonderen zu gehören, ein Paar zu sein, jemanden zu haben, für den man sorgen kann, und die Entdeckung der persönlichen Vorlieben des anderen. Erst wenn diese anfängliche Neuheit verblaßt, werden die Partner zu entdecken beginnen, ob sie dies alles tatsächlich mögen und ob sie sich für ein ganzes Leben aneinander binden wollen. Ein Paar, das zuläßt, daß sich ihre Beziehung schneller entwickelt, als es die ideale Kurve darstellt, wird in einer romantischen Phantasiewelt leben, anstatt realistische Liebe und Verbindlichkeit zu üben (siehe Abbildung 9-4).

Ein drittes Problem ist, daß Sex ohne Vertrautheit auf der emotionalen, körperlichen und freundschaftlichen Ebene nicht wirklich intim ist – obwohl die Entwicklung von sexueller Intimität mehr Spaß und weniger Arbeit macht als der Aufbau von Vertrautheit. So wird die schönste Vertrautheit, die Gott für uns geplant hat, zu etwas Bedeutungslosem, rein Biologischem degradiert.

Am wichtigsten ist der Umstand, daß Gottes Regeln für moralisches Verhalten verletzt wurden, was einen Bruch in der Beziehung zu unserem himmlischen Vater verursacht.

Probleme bei der von Lust gesteuerten Entwicklung. Einige Beziehungen entwickeln sich so schnell, daß sie auf unserem Schaubild nicht als Kurve, sondern nur als Gerade nach oben dargestellt werden können.

Zum ersten vergrößern sich hier die schon erwähnten Probleme noch. Anstatt daß beispielsweise die Fähigkeiten zum Aufbau einer Beziehung unterentwickelt sind, existieren sie wahrscheinlich nicht einmal. Anstelle einer Bindung, die auf romantischer Liebe aufgebaut ist, gibt es vermutlich überhaupt keine Bindung zwischen den Partnern. Echte Kommunikation wird minimal sein. Auseinandersetzungen oder Streitigkeiten werden gewöhnlich im Schlafzimmer »gelöst«. Die fehlende Tiefe der Beziehung bewirkt, daß diese bei dem ersten Anzeichen von ernsthaften Meinungsverschiedenheiten zwischen dem Paar leicht auseinanderbricht.

Zum zweiten: Sollte das Paar sich entscheiden, die sexuelle Beziehung wieder aufzugeben, würden sie höchstwahrscheinlich zur Stufe der reinen Bekanntschaft zurückkehren, da die Freundschaftsstufe niemals erreicht wurde.

Ein drittes Problem ist, daß man dazu neigt, neue Beziehungen auf der Grundlage früherer Erfahrungen aufzubauen. Folglich wird derjenige, dessen Verhaltensmuster darin bestand, schnell sexuell aktiv zu werden, dazu neigen, dieses Muster zu wiederholen und sich mit einem Partner nach dem anderen einzulassen. Wenn er nicht die bewußte Entscheidung trifft, Beziehungen anders anzugehen, wird er sein ganzes Leben damit verbringen, zu verletzen und verletzt zu werden, während eine Beziehung nach der anderen zerbricht.

So ist das zugrundeliegende Problem bei diesen drei nicht idealen Entwicklungen, daß das Erreichen des Endziels – eine starke dauerhafte Beziehung – aufgrund des schwachen Fundaments fast unmöglich wird. Gott wußte, was er tat, als er uns unterwies, mit der Erforschung sexueller Intimität bis nach der Hochzeit zu warten.

Die Botschaft ist Liebe

Betty kaufte letzte Woche einen neuen Mixer. Aufgeregt lief sie damit nach Hause und las die Begleitliteratur. Die Rezepte sahen so verlockend aus, daß sie schnell die Anweisungen überflog, um das neue Gerät auszuprobieren. Einige der Ge- und Verbote schienen ihr unwichtig zu sein:

»Schlagen Sie keine Sahne im Mixer.«

»Versuchen Sie nicht, Eiswürfel damit zu zerkleinern, ohne Wasser beizufügen.«

»Nehmen Sie das Gerät nicht ohne Deckel in Betrieb.«

»Waschen Sie den Deckel nicht in der Geschirrspülmaschine.«

»Wenn Sie flüssige und trockene Zutaten zusammen verwenden, gießen Sie zuerst die flüssigen Zutaten in den Mixer.«

Die meisten wissen, daß der Hersteller eine Gebrauchsanweisung mitliefert, damit der Kunde sein Gerät bestmöglich nützen kann. Vielleicht versteht der Kunde nicht die Gründe für alle Regeln, dennoch wird er die Berechtigung der Warnungen gewöhnlich akzeptieren.

Betty tat dies nicht. Sie lachte nur über die Einschränkungen und beschloß, es sei ihr Mixer, und sie würde ihn so benutzen, wie es ihrer Meinung nach am besten sei! Aber sie lernte durch Erfahrung, warum es die Gebrauchsanleitung gab. Ihre Pfannkuchen waren klumpig, weil sie alle trockenen Zutaten in den Mixer gegeben hatte, bevor sie die Milch dazugoß. Ihre Schlagsahne für Erdbeertörtchen wurde nicht steif und der besondere Nachtisch, den sie für ihren Freund geplant hatte, war ganz und gar nicht, wie sie ihn sich vorgestellt hatte. Der Deckel schmolz und verformte sich in der Geschirrspülmaschine. Die Wände und Decke ihrer Küche wurden mit Schokoladenpudding bespritzt, als sie versuchte, den Mixer ohne Deckel zu benutzen. Schließlich zerbrach der Messereinsatz, während sie versuchte, Eiswürfel zu zerkleinern, ohne Wasser beizufügen.

Und weil Betty die Gebrauchsanweisung mißachtet hat, gilt die Garantie des Herstellers für sie nicht mehr. Sie wird die Kosten für die Reparatur selbst übernehmen müssen.

Eine Bedienungsanleitung für uns

Seit Gott uns schuf, haben wir seine Anweisungen für ein erfülltes Leben, auch wenn die Menschen das »Warum« hinter seinen Regeln selten verstehen. So haben rebellische Menschen Gottes Regeln von Anfang an mißachtet und scheinen dabei gewöhnlich über die negativen Folgen ihres Verhaltens überrascht zu sein.

In den Gesetzesbüchern ordnete Gott streng an, was die Israeliten essen konnten und was nicht. Diese Regeln schienen oft unvernünftig einschränkend. Wissenschaftler unseres Jahrhunderts haben jedoch festgestellt, daß die Gesetze für ein Volk, das ohne Tiefkühlung und unter einfachen hygienischen Praktiken in der Wüste lebte, ernährungsmäßig vernünftig waren. Die Gesetze wurden gegeben, damit die Israeliten sich einer guten Gesundheit erfreuen konnten. Das gleiche Prinzip stand hinter Gottes Anweisungen für den Umgang mit kranken Menschen, die andere infizieren konnten.

Immer wieder hielt Gott sein Volk an, ihm – entgegen seiner natürlichen Neigungen – zu gehorchen. Immer war die Folge von Gehorsam Erfolg (denken Sie an die Mauern von Jericho und den Sieg Gideons). Ungehorsam brachte Niederlage (der Kampf bei Ai und die Gefangenschaft Israels). Wir können Hunderte von Geschichten im Alten Testament lesen, die diese Prinzipien veranschaulichen, die Israeliten lernten jedoch nie wirklich, konsequent gehorsam zu sein, anstatt zu rebellieren. Und so ließ Gott ihre Geschichten für uns niederschreiben, daß wir aus ihren Fehlern lernen könnten (siehe 1. Kor. 10,11-13).

Trotzdem ist Gehorsam für einige von uns gelegentlich immer noch eine schwere Entscheidung.

Liebe ist das Schlüsselwort

Gott saß nicht im Himmel und beschloß, uns das Leben schwerzumachen, indem er uns verbot, bestimmte Dinge zu tun. Er errichtete keinen Hindernislauf, den wir bewältigen müssen, um unsere Liebe zu ihm unter Beweis zu stellen. Jedes Gesetz, das Gott gibt, ist dazu bestimmt, uns zu helfen, unser höchstes Potential zu erreichen und ein überfließendes Leben zu führen. Wenn Menschen daran scheitern, Gottes Normen zu folgen, müssen sie die Konsequenzen tragen: beeinträchtigte Leistungsfähigkeit, zerbrochene Beziehungen, Fehlschläge und manchmal sogar körperliche Verletzungen.

In der gleichen Weise, wie es Eltern weh tut, wenn ihre Kinder unter falschen Entscheidungen leiden, tut es Gott weh, wenn wir falsche Entscheidungen treffen. Während seines irdischen Lebens betonte Christus die Vater-Kind-Beziehung, die wir zu Gott haben. In Matthäus 7,7-12 ermutigt er die Jünger zu erkennen, daß Gott viel daran liegt, daß wir ein gutes Leben haben. Er sagt: »Wenn nun ihr, die ihr doch böse seid, dennoch euren Kindern gute Gaben geben könnt, wieviel mehr wird euer Vater im Himmel Gutes geben denen, die ihn bitten!« (v. 11).

Seine Pläne für uns werden immer als vollkommen bezeichnet. Paulus bittet eindringlich: »... daß ihr eure Leiber hingebt als ein Opfer, das lebendig, heilig und Gott wohlgefällig ist. Das sei euer vernünftiger Gottesdienst. Und stellt euch nicht dieser Welt gleich, sondern ändert euch durch Erneuerung eures Sinnes, damit ihr prüfen könnt, was Gottes Wille ist, nämlich das Gute und Wohlgefällige und *Vollkommene«* (Röm. 12,1-2, Hervorhebung vom Verfasser).

Aber Sex ist doch meine Sache!

»Ich sehe nicht ein, warum Gott so daran interessiert ist, was ich in der Abgeschlossenheit meines Schlafzimmers tue!« sagt Kevin. »Was soll daran falsch sein, wenn ich mit einem Mädchen schlafen will und sie mit mir? Es ist doch wirklich unsere Sache.«

Ja, das ist es. Aber Gott sagt, tu es nicht. Überraschenderweise begreifen Menschen heute wieder, daß sogar Gottes Regeln über sexuelle Aktivitäten außerhalb der Ehe aus dem Grund gegeben wurden, weil er uns so sehr liebt, daß er das Beste für unser Leben will.

In den letzten Jahren hat man begonnen, seine sexuellen Wünsche offener auszuleben. Heute sind das Zusammenleben ohne Trauschein, Gruppenhochzeiten und Wohngemeinschaften an der Tagesordnung. Zwar sind Pastoren besorgt, wenn solche unmoralischen Praktiken bei Mitgliedern ihrer Gemeinden vorkommen, aber die Welt hat eine Haltung der Toleranz eingenommen. Und einige Jahre lang schien es keine bedeutenden gesellschaftlichen Probleme als Folge der »neuen Moral« zu geben. Dann begannen die Menschen, langsam aber sicher die Mängel der neuen »Freiheiten« zu entdecken.

Ein erotischer Bestseller-Roman wurde in den USA veröffentlicht und rasch als das aufrichtigste Werk seit Jahren bekannt. Er erzählte die Geschichte einer promiskuitiven jungen Frau und ihrer zahlreichen Affären. Erotisch? Vielleicht. Aber das eigentliche Thema des Buches war, daß, obwohl sie ihre Phantasien auslebte, dies gar nicht das war, was sie wirklich wollte! Ihr tiefster Wunsch war es, eine Beziehung zu einem Mann, ihrem Ehemann, zu haben!

Ein bekannter Psychologe, der einer von sechs Erwachsenen war, die eine Wohngemeinschaft gründeten, war nach ein paar Monaten verblüfft. Die Gruppe hatte Wochen damit verbracht, zu diskutieren, wie sie ihre »Familie« organisieren wollten.

Die Liste der Regeln und Eventualitäten war ziemlich lang. Sexuelle Beziehungen unter den Mitgliedern sollten erlaubt sein, aber nur mit einer Person. Nur wenn eine sexuelle Beziehung beendet worden war, konnte eine neue aufgenommen werden. »Wenn sorgfältig kontrollierte Sexualität das ist, was wir alle wollten, warum tut es dann so weh, wenn ›mein Mädchen‹ das Verhältnis zu mir abbricht und mit jemand anderem schläft?« fragte er.

Vor einigen Jahren erschienen in der Zeitschrift »Cosmopolitan« einige Artikel über die Gefahren, mit denen Paare konfrontiert sind, wenn sie zusammenleben, ohne verheiratet zu sein. Nach einem ausführlichen Artikel über die Erfahrungen eines Paares, das in einer Wohngemeinschaft mitlebte, stellten die Herausgeber einer anderen zeitgenössischen Zeitschrift, die für sexuelle Freiheit eintritt, fest, daß gerade dieses Paar Glück gehabt hatte, daß seine Ehe überlebte. Die meisten Paare, die einer Wohngemeinschaft beitreten, trennen sich als Folge dieser Erfahrung. Dieses Paar hatte beschlossen, sich eine eigene Wohnung zu suchen, und brach alle Verbindungen mit Mitgliedern der Wohngemeinschaft ab.

Viele nichtchristliche Psychologen beginnen, eine positive Einstellung gegenüber der Ehe einzunehmen. Sie erkannten, daß die Intimität einer sexuellen Beziehung – mit oder ohne eheliche Bindung – zu einer emotionalen Bindung führt, deshalb kann eine zerbrochene Beziehung genauso verletzen wie eine zerbrochene Ehe.

Ist es nicht interessant zu beobachten, daß Menschen, die sich entscheiden, Gottes Gesetzen über Sexualität ungehorsam zu sein, später entdecken, daß die alleinige Grundlage seiner Regeln seine Liebe zu uns war?

Was sagt Gott?

Gottes Prinzipien für moralische Reinheit werden in seinem Wort klar umrissen.

Er schuf den menschlichen Körper einschließlich unserer sexuellen Wünsche und Funktionen (siehe Ps. 139,13-17).

Sexuelle Intimität soll ein Teil der ehelichen Beziehung sein. In Hebräer 13,4 heißt es: »Die Ehe soll in Ehren gehalten werden bei allen und das Ehebett unbefleckt; denn die Unzüchtigen und die Ehebrecher wird Gott richten« (siehe auch 1. Mose 1,26-31 und 1. Kor. 7,1-5).

Sexuelle Intimität außerhalb der Ehe wird ausdrücklich verboten. Die Schrift lehrt sogar, daß diejenigen, die weiterhin solche Praktiken ausüben, vom Reich Gottes ausgeschlossen werden (siehe 1. Kor. 5,9-13; 6,13-20; Eph. 5,3; 1. Thess. 4,3).

Wir sollen der Versuchung, unseren fleischlichen Lüsten nachzugeben, widerstehen. Die Verheißung von 1. Kor. 10,13 gilt auch für sexuelle Versuchung. »Bisher hat euch nur menschliche Versuchung getroffen.

Aber Gott ist treu, der euch nicht versuchen läßt über eure Kraft, sondern macht, daß die Versuchung so ein Ende nimmt, daß ihr's ertragen könnt« (siehe auch Gal. 5,16-21; 1. Petr. 2,11-12).

Gehorsam ist eine tägliche Entscheidung

Gehorsam ist eine Entscheidung, die wir jedesmal treffen müssen, wenn wir versucht werden, unserem Wunsch nach sexueller Intimität außerhalb der Ehe nachzugeben. Ein Paar, das wünscht, seine Beziehung rein zu halten, wird einige Richtlinien aufstellen müssen. Folgende Gedanken könnten dazu eine Hilfe sein:

- Sich einigen, die Zeit, die man zu zweit verbringt, zu begrenzen;
- Verabredungen im voraus planen, anstatt einfach zusammenzukommen und zu tun, wobei man »sich gut fühlt«;
- Mehr Zeit damit verbringen, sich mit Aufgaben oder Aktivitäten zu beschäftigen, statt einfach nur zusammenzusein;
- Verhaltensweisen unterlassen, die den Partner sexuell erregen;
- Äußere sexuelle Stimuli wie erotische Literatur, Kinofilme oder Bilder vermeiden;
- Sich weigern, »das Bühnenbild für sexuelle Aktivität aufzubauen«. Zum Beispiel in der Wohnung des einen oder anderen Partners allein zusammenzusein mit stimmungsvoller Musik, Kerzenlicht oder einem romantischen Kaminfeuer;
- Einander offen sagen, welche Verhaltensweisen und Situationen es am meisten erschweren, der sexuellen Versuchung zu widerstehen, und einander unterstützen, indem diese Situationen vermieden werden.

Wenn wir uns verpflichten, gehorsam zu leben, und lernen, diese Verpflichtung einzuhalten, ist das ein bedeutender Schritt in unserem geistlichen Wachstum. Wenn wir lernen, im sexuellen Bereich Selbstbeherrschung zu üben, können wir die gleichen Methoden dazu benutzen, um Ärger, Sprachgebrauch und andere Neigungen zum Übermaß in den Griff zu bekommen. Da die Regeln aufgestellt wurden, weil Gott uns liebt, erkennen wir, daß wir viel freier sind, ein überfließendes Leben zu führen, falls wir diesen Regeln folgen.

Wie der Psalmist sagt: »Habe deine Lust am Herrn; der wird dir geben, was dein Herz wünscht. Befiehl dem Herrn deine Wege und hoffe auf ihn, er wird's wohl machen« (Ps. 37, 4-5).

Abbildung 9-1

Die Entwicklung einer natürlichen Beziehung

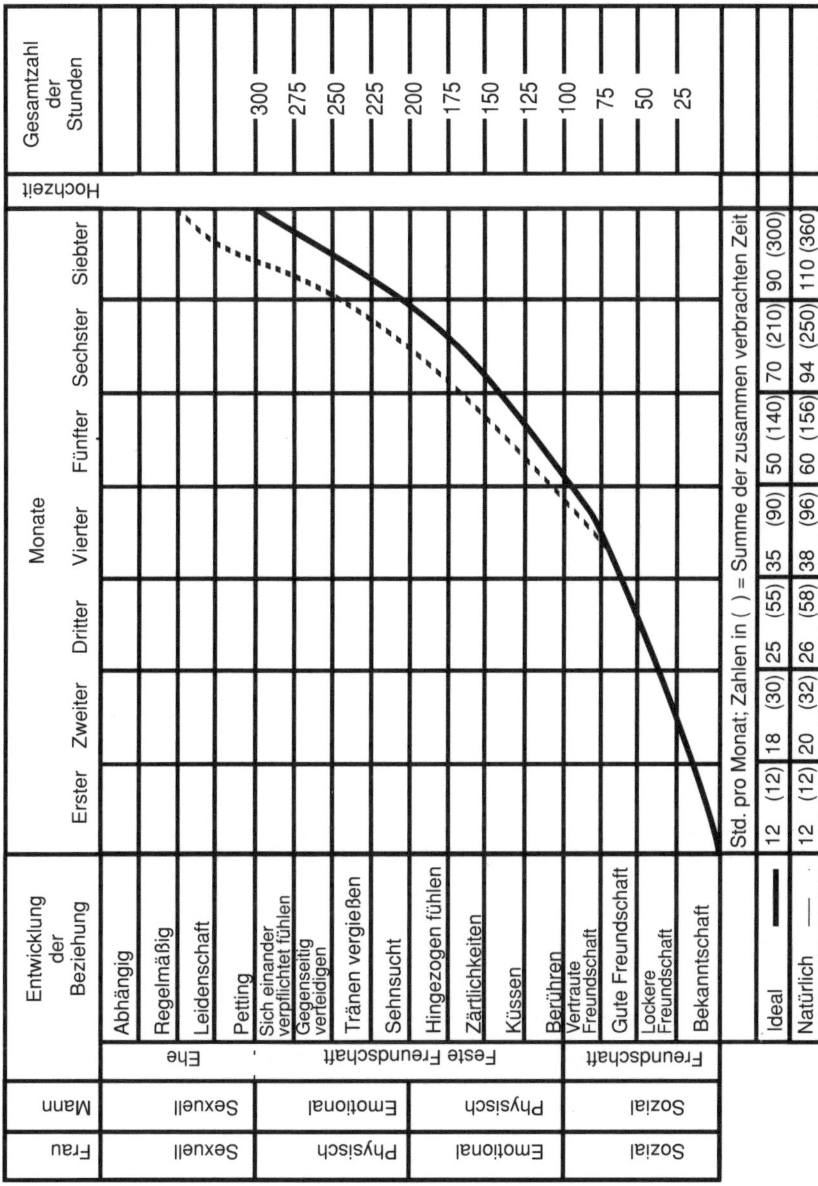

Abbildung 9-2

Die Entwicklung einer sinnlichen Beziehung

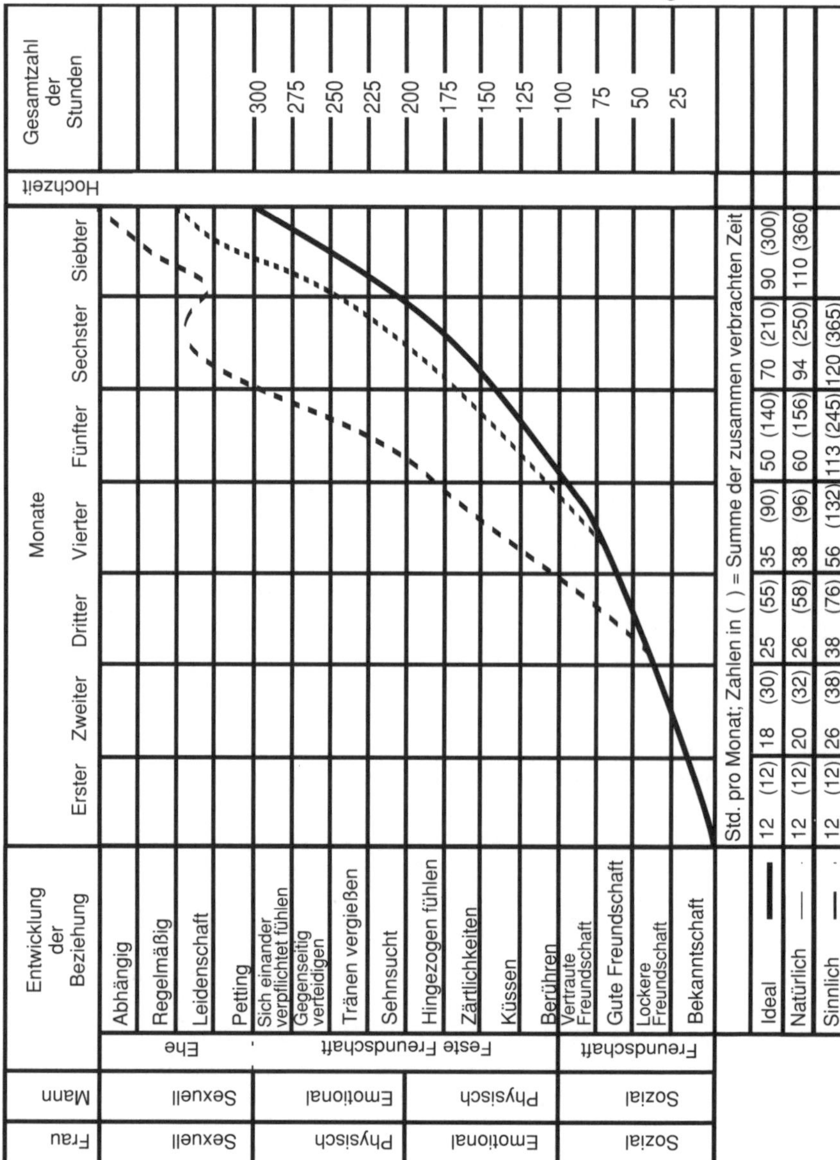

Abbildung 9-3

Die Entwicklung einer von Lust gesteuerten Beziehung

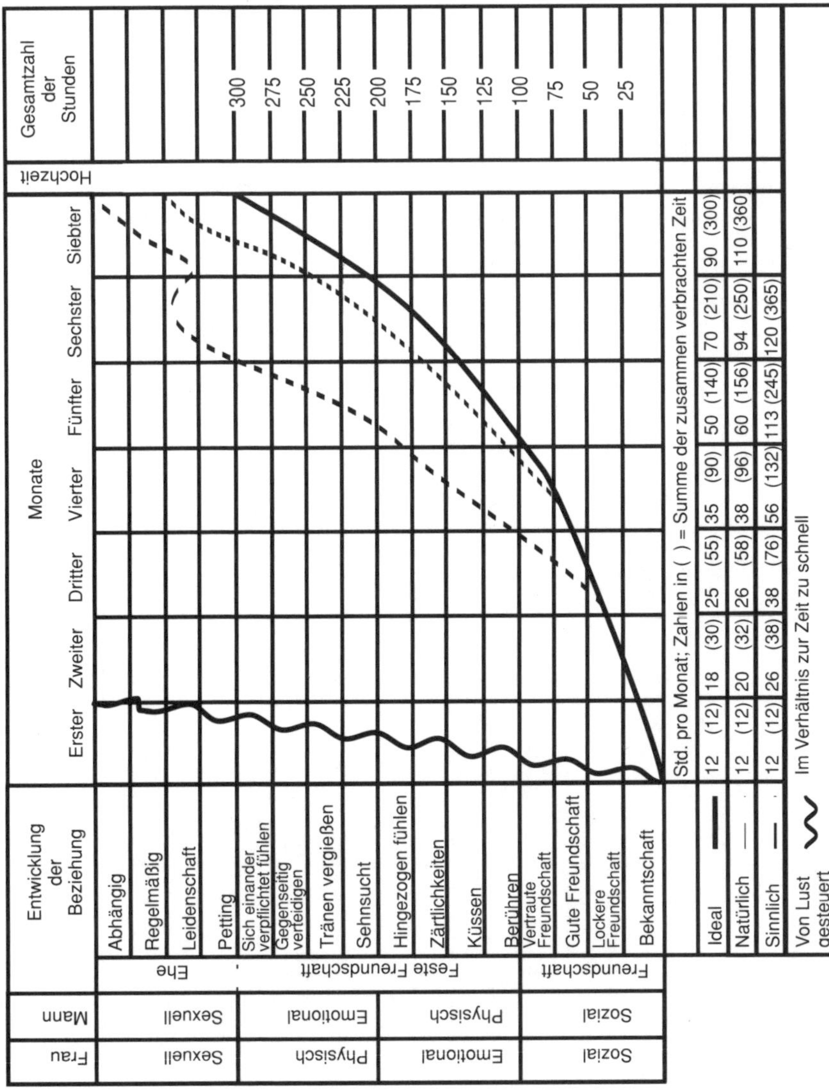

Abbildung 9-4

Der Grenze zwischen Erotomanie und Wirklichkeit

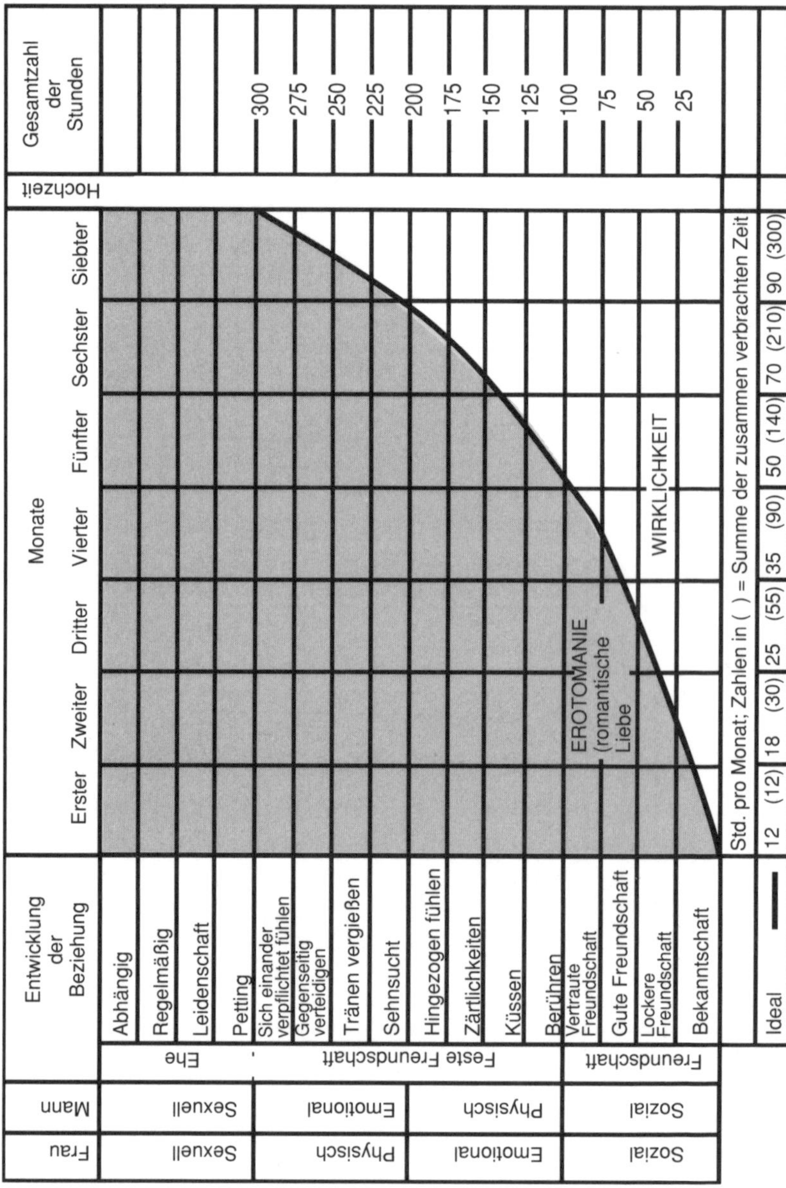

10

Das perfekte Ende

Als der Organist die ersten Akkorde des »Hochzeitsmarsches« anschlug und die Hochzeitsgäste sich erhoben und umwandten, um zu beobachten, wie Kathie zum Altar schritt, lächelte Pastor David zufrieden. Wenn es je ein Paar gab, das die Chance hatte, ihre Ehe erfolgreich zu führen, waren Kathie und Jonathan dieses Paar! Sie hatten wirklich daran gearbeitet, ihre Beziehung zu entwickeln. Sie waren für diese Hochzeit und für ein gemeinsames Leben bereit.

Auch Sie können bereit sein!

Wenn Sie und Ihr Partner den Richtlinien dieses Buches folgen, werden Sie wahrscheinlich eine sehr starke vertraute Beziehung aufbauen. Lassen Sie uns noch einmal auf einige der wichtigsten erörterten Gedanken zurückblicken.

1. Sie und Ihr Partner sollten beide Ihr Selbstbild stärken, indem Sie akzeptieren, daß Sie beide sowohl Fehler als auch gute Eigenschaften haben. Sie sind dann in der Lage, einander zu schätzen und mit Worten anzuerkennen, wenn der Partner in seiner Persönlichkeit Fortschritte gemacht und sich weiterentwickelt hat. Wenn Sie sich als Gottes Geschöpf annehmen, können Sie Ihrem Partner gegenüber offen und verletzbar sein.
2. Wenn Sie verstehen, wo Sie und Ihr Partner verschieden und wo Sie beide ähnlich auf Lebenssituationen reagieren, können Sie Probleme vorhersehen und durcharbeiten.
3. Dadurch, daß Sie Ihre Erwartungen an sich selbst, aneinander und an der Beziehung klären, haben Sie die Möglichkeit, unrealistische Phantasievorstellungen abzulegen und einander zu helfen, die gegenseitigen Bedürfnisse zu erfüllen.
4. Setzen Sie sich Ziele in Ihrer Beziehung und arbeiten Sie auf sie hin. Es wird Sie einander näherbringen, weil Sie in das Leben des anderen investieren.

5. Wenn Sie offen miteinander kommunizieren und sich liebevoll miteinander auseinandersetzen, erhöht sich der Grad des Vertrauens sowie der Vertrautheit in Ihrer Partnerschaft.
6. Zeit, die man ohne den Partner in konstruktiver Weise verbringt, fördert ein gesundes Maß an Unabhängigkeit, so daß, obwohl eine gewisse wechselseitige Abhängigkeit in der Beziehung besteht, die Partner nicht in allem vollständig voneinander abhängig sind.
7. Sie sollten in Ihrer Beziehung eine Vielzahl von Situationen erleben, so lernen Sie Ihren Partner kennen.
8. Wenn Sie die Entwicklung der Beziehung unter Kontrolle halten, ist die Voraussetzung dafür gegeben, daß die romantischen Phantasievorstellungen schwinden und die Beziehung auf der Realität aufgebaut werden kann.
9. Die Begrenzung der Zeit, die Sie allein miteinander verbringen, ist eine Übung in Geduld und Disziplin, die im Laufe jeder langfristigen Beziehung hilfreich sein wird.
10. Das Aufsuchen einer Beratung kann Ihnen helfen, die wichtigsten Hürden, die Ihnen als Paar begegnen können, vorauszuahnen und zu überwinden.

Falls Sie diese Schritte gegangen sind, haben Sie wahrscheinlich eine solide Freundschaft aufgebaut, eine tiefe emotionale Vertrautheit erreicht, und Sie drücken Ihre Liebe im körperlichen Bereich in gottgefälliger Weise aus. Sie haben im sozialen und im Freizeitbereich, auf geistiger und geistlicher Ebene Erfahrungen miteinander geteilt. Sie sind zu dem Punkt gekommen, daß Sie sich für eine lebenslange Beziehung ernsthaft aneinander binden wollen.

Dies ist die Art der Beziehung, die durch die »ideale« Kurve in Abbildung 10-1 dargestellt wird. Es ist die ideale Grundlage für eine standfeste christliche Ehe.

Und wenn wir unsere Meinung ändern?

Es besteht bei jeder Beziehung die Möglichkeit, daß eine oder beide Personen die Meinung ändern! Entscheidet sich das Paar, die Hochzeit aufzuschieben, kann es die Anzahl der monatlich verbrachten Stunden herabsetzen und die Beziehung für einen unbestimmten Zeitraum auf der gegenwärtigen Stufe aufrechterhalten. Entscheidet sich das Paar, nicht zu heiraten, kann es zum Freundschaftsniveau zurückkehren, indem es die Zeit, die es miteinander verbringt, bedeutend reduziert und von körperlichen und emotionalen Vertraulichkeiten, die entwickelt wurden, wieder Abstand nimmt.

Wenn die Entscheidung, nicht zu heiraten, nur von einem der Partner ausgeht, ist es manchmal schwierig, Freunde zu bleiben. Man benötigt vielleicht eine Zeit vollständiger Trennung, um über den Schmerz der Zurückweisung – beziehungsweise über die Peinlichkeit der veränderten Situation – hinwegzukommen. Aber oft werden die Partner ihre Freundschaft wiederaufnehmen und aufrechterhalten wollen. Freunde sind so etwas Kostbares, daß man sie nicht aufgeben sollte!

Das Ende?

Ob der nächste Schritt nun Hochzeit oder Rückkehr zur Stufe der Freundschaft heißt, ist damit nicht das Ende der Beziehung erreicht. Sie stehen vielmehr gerade am Anfang einer ganz neuen Erfahrung.

Wenn Sie beschließen, vertraute Freunde zu bleiben, haben Sie eine Verbindung aufgebaut, die wahrscheinlich stärker ist als irgendeine andere. Wie aufregend, daß Sie einen so guten Freund des anderen Geschlechts haben, mit dem Sie austauschen, für den Sie Sorge tragen können und von dem Sie geliebt werden. Als Brüder und Schwestern im Glauben können Sie sich gegenseitig in Ihrem christlichen Leben ermutigen, und Ihnen steht dabei die ganze Skala männlicher/weiblicher Sichtweisen zu Problemen und Erfahrungen, denen jeder von Ihnen gegenübersteht, zur Verfügung.

Beschließen Sie zu heiraten, haben Sie eine wertvolle Lektion darüber gelernt, wie Sie Ihre Ehe stark erhalten können. Sehen Sie, wenn Sie auf dem Talley-Graph-Modell von hinten beginnen und die Linie von rechts nach links und von oben nach unten verfolgen, könnten Sie das Ende einer Ehe aufzeichnen. Genauso wie Zeit, die man allein miteinander verbringt, den Aufbau einer Beziehung fördert, wird danach die Beziehung in der Ehe gestärkt, wenn man sich Zeit nimmt, zusammenzusein. Gleichzeitig wird ein Rückgang der sexuellen, körperlichen oder emotionalen Gemeinschaft den Grad der Vertrautheit in der Ehe verringern.

Sollten Sie und Ihr Partner also beschließen zu heiraten, verpflichten Sie sich gegenseitig, Ihrer Beziehung einen hohen Stellenwert einzuräumen. Sie sollten weiterhin qualitativ hochwertige Zeit miteinander verbringen, in der Sie über Ihre Erfahrungen, Gedanken, Ideen und Gefühle miteinander austauschen.

Wenn Sie beide diese Verpflichtung eingehen, können Sie die Entdeckung machen, daß Ihre Beziehung die Kraft hat, die unvermeidlichen schwierigen Zeiten zu überleben. Die Tragödie ist, daß manchmal ein Partner die Verpflichtung nicht einhält und die Beziehung aufgibt, wenn Probleme auftreten. Wenn Sie Ihre Verpflichtung gegenüber Gott und gegeneinander täglich erneuern, ist dies der beste Weg, eine beständige christliche Familie aufzubauen. Es ist eine Herausforderung – und ein Segen!

Abbildung 10-1

Tally-Graph-Modell für die Entwicklung von Zweierbeziehungen

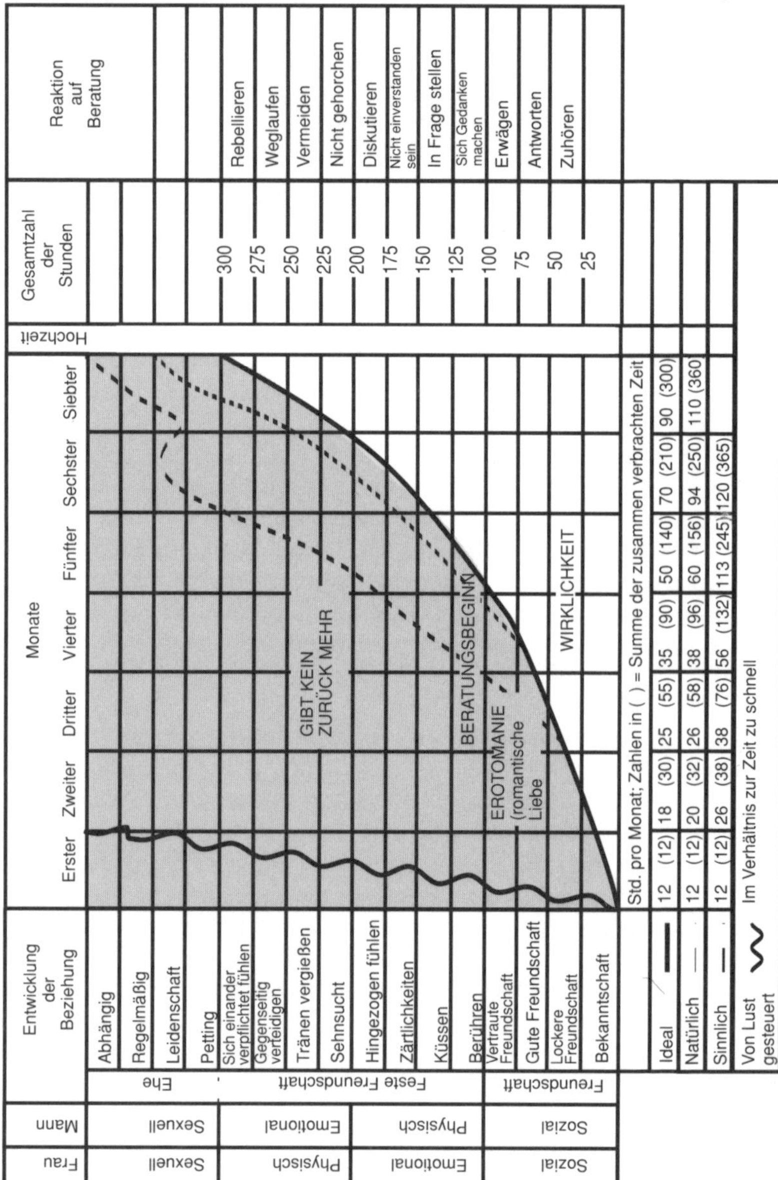

Anleitung zum Studium

Teil eins
Bevor Sie beginnen

Was versteht man unter Beziehungsdiskussion?

Beziehungsdiskussion ist nicht das gleiche wie voreheliche Beratung. Sie soll Ihnen vielmehr helfen, zu lernen, wie man eine Beziehung aufbaut, bevor man ernsthaft eine lebenslange Bindung in Erwägung zieht. Indem Sie bei der Beziehungsdiskussion sich selbst und Ihren Partner besser kennenlernen, können Sie eine unstabile Ehe vermeiden.

Fast jeder alleinstehende Erwachsene wünscht sich, eine bedeutsame und erfüllende Beziehung zu haben, die zur Ehe führen wird. Wenn Sie diese Aussage bezweifeln, testen Sie sie einfach, indem Sie eine Gruppe lediger Freunde fragen: »Wie viele von euch wollen für den Rest des Lebens unverheiratet bleiben?« Die Antwort wird sein: fast niemand! Andererseits kann die Erwartung, daß eine feste Freundschaft zur Ehe führen wird, die Beziehung zerstören.

Viele Menschen sind so fest entschlossen zu heiraten, daß sie versäumen, eine starke Beziehung zu entwickeln, auf der allein eine solide Ehe aufgebaut werden kann. Folglich machen Tausende die Erfahrung von zerbrochenen Beziehungen und Scheidungen.

Bei zweckgemäßem Gebrauch wird dieses Studienmaterial eine Umgebung abgeben, in der sich eine bedeutsame Beziehung entwickeln kann, und Situationen und Umstände, die eine neue Beziehung zerstören können, werden reduziert.

Wie benutze ich diese Anleitung?

Die acht Treffen zur Beziehungsdiskussion sind für jede zweite Woche angesetzt, so daß Sie eine ganze Woche Zeit haben, um das Material durchzulesen, bevor Sie in der folgenden Woche Ihren Partner treffen, um über das Gelesene zu diskutieren. Die Effektivität dieses Programms wird davon abhängen, wie ehrlich und gründlich Sie über das Material diskutieren. Diese gelenkte Diskussion ist die eigentliche treibende Kraft für den Aufbau einer guten Beziehung.

Sein Name ____________ Monat ______________ Ziel __________ Ihr Name ________________

Datum	1	2	3	4	5	6	7	8	9	10	11	12	13	14	15	16	17	18	19	20	21	22	23	24	25	26	27	28	29	30	31
Wochentag																															
06:00																															
07:00																															
08:00																															
09:00																															
10:00																															
11:00																															
12:00																															
13:00																															
14:00																															
15:00																															
16:00																															
17:00																															
18:00																															
19:00																															
20:00																															
21:00																															
22:00																															
23:00																															
24:00																															
01:00																															
02:00																															
03:00																															
04:00																															
05:00																															
Zu zweit																															
Gruppe																															
Telefon																															

XXX Zu zweit
000 Gruppe
• • • Telefon (über ½ Stunde)

Datum	1	2	3	4	5
Tag	M	D	M	D	F
6	X		•	0	•
7	X		•	0	•
8	0	X	X	0	•
9	0	X	X	0	X
10	•	X	X	•	0
Zu zweit	2	2	3	0	1
Gruppe	2	0	0	4	1
Telefon	1	1	2	1	3

Gesamtstundenzahl

Zu zweit ________
Gruppe ____ : 4 = ________
Telefon ________

Monatliche Summe ________
Stunden bis zum
Vormonat ________
Gesamtsumme ________

Monatlich
____
____
____

Die Tatsache, daß Sie sich jede zweite Woche treffen, bedeutet, daß Sie reichlich Zeit haben, den vorgegebenen Stoff zu lesen und darüber nachzudenken. Wenn Sie schneller vorgehen, kann das Material die Beziehung nicht beeinflussen und keine positiven Ergebnisse zeitigen. Vier Monate sind für den Prozeß der Auswertung, des Wachstums und der emotionalen Anpassung erforderlich.

Die meisten emotional destruktiven Beziehungen können verhindert werden, wenn zwei Menschen, die sich mögen, sich Zeit lassen, Freunde zu werden. Wenn Sie dieses Material benutzen, werden Sie feststellen, daß Sie, auch wenn Ihre feste Freundschaft endet, gute Freunde bleiben können. Dies ist nicht nur für Sie und Ihren Freund hilfreich, sondern auch für Ihre gemeinsamen Freunde. Eine Beziehung, die abrupt endet, beeinflußt jeden. Ich möchte noch einmal betonen, daß die in dieser Studienanleitung vorgelegte Beziehungsdiskussion nicht eine voreheliche Beratung ersetzen soll. Sie kann jedoch eine stabile Basis abgeben, aufgrund der ein Paar beurteilen und entscheiden kann, ob es die Beziehung fortsetzen will. Zum Zeitpunkt der Verlobung ist voreheliche Beratung unbedingt erforderlich. Ein verlobtes Paar wird viele der in dieser Anleitung abgedeckten Themen in einem anderen Licht sehen, und vor der Hochzeit müssen zusätzliche Themen wie die sexuelle Beziehung und der Umgang mit den Schwiegereltern erörtert werden. Sie werden großen Nutzen daraus ziehen, wenn Sie während des Aufbaus Ihrer Beziehung an Beziehungsdiskussion, Beziehungsunterweisung und vorehelicher Beratung teilnehmen.

Wie beginne ich?

Die ersten Schritte sind sehr einfach. Lesen Sie beide die Voraussetzungen, unterschreiben Sie die schriftliche Verpflichtung und setzen Sie Ihre erste Verabredung in zwei Wochen fest. Treffen Sie sich weiterhin jede zweite Woche und halten Sie sich an die Diskussionsordnung für jedes der acht Treffen!

Einführendes Treffen

Voraussetzungen

1. Zwischen Ihnen und Ihrem Partner sollte eine starke und beständige Freundschaft bestehen.
2. Sie sollten bereit sein, sich achtmal zu treffen. Die Treffen werden alle zwei Wochen festgelegt und ziehen sich über etwa vier Monate hin. Sie verpflichten sich dazu, an den acht Treffen teilzunehmen.

3. Sie sollten bereit sein, jede Woche ein oder zwei Stunden zum Lesen zu verwenden und das Studienmaterial in der darauffolgenden Woche miteinander zu diskutieren.
4. Ein Heiratsantrag oder -datum sollte nicht diskutiert werden. Wenn dies schon geschehen ist, müssen Sie beide bereit sein, Hochzeitspläne zurückzustellen und für die Möglichkeit offen zu sein, daß die Beziehung nicht zur Ehe führen könnte.
5. Sprechen Sie nicht über, ja denken Sie nicht einmal an eine Ehe zwischen Ihnen beiden, selbst während Sie die Wortstudie über Ehe diskutieren. Dies mag Ihnen schwerfallen, aber es ist wichtig, um die Beziehung vor unrealistischen Erwartungen zu bewahren.
6. Seien Sie dazu bereit, gegenseitig »exklusiv« zu werden und nicht mit einer anderen Person des anderen Geschlechts allein zusammenzukommen. Das bedeutet keine Verabredungen zum Mittagessen, Geschenke oder Briefchen für jemanden anderen als die Person, mit der Sie dieses Material durcharbeiten. Weitere Beziehungen mit Angehörigen des anderen Geschlechts müssen auf der Ebene der Freundschaft bleiben.
7. Alle Themen und Diskussionen sind vertraulich zu behandeln, damit die Integrität der Beziehung gewahrt wird.
8. Selbst wenn die feste Freundschaft nicht fortgesetzt wird, darf die Verpflichtung zur Beziehungsdiskussion bis zum Ende der acht Treffen nicht aufgehoben werden. Dadurch wird verhindert, daß einer von Ihnen verletzt wird, und gleichzeitig wird Ihre Bereitschaft zur Verbindlichkeit auf die Probe gestellt.
9. Einigen Sie sich darauf, die folgenden Begrenzungen der zusammen zu verbringenden Zeit einzuhalten:

Erster Monat:	20 Stunden	Dritter Monat:	40 Stunden
Zweiter Monat:	30 Stunden	Vierter Monat:	50 Stunden

   Zeit allein wird Stunde um Stunde gezählt; Gruppenzeit wird durch vier dividiert; Telefongespräche werden gezählt, wenn die Unterhaltung eine halbe Stunde überschreitet. Die zusammen verbrachte Zeit ist vom Mann in den monatlichen Zeittabellen einzutragen. Die Gesamtzeit sollte in den ersten vier Monaten 140 Stunden nicht überschreiten.
10. Seien Sie aufrichtig bezüglich des körperlichen Aspekts Ihrer Beziehung. Kreuzen Sie die Zahl an, die dem Ausmaß Ihrer körperlichen Betätigung entspricht.
    1 Anschauen
    2 Berühren
    3 Sich leicht die Hände halten

4 Ständig Händchen halten
5 Leichter Kuß
6 Heftiger Kuß
7 Zungenkuß
8 Brüste streicheln
9 Sexualorgane streicheln
10 Geschlechtsverkehr

11. Verpflichten Sie sich dazu, im körperlichen Bereich Nummer 7 nicht zu überschreiten. Dadurch wird die Beziehung davor bewahrt, durch übermäßige sexuelle Betätigung zerstört zu werden.
12. Wenn die körperliche Betätigung Nummer 7 überschreitet, sollten Sie das Arbeitsblatt über moralische Freiheit in diesem Abschnitt ausfüllen. Der Mann muß bereit sein, wenn die Grenzen überschritten wurden, Kontakt mit einem Pastor aufzunehmen. Tut der Mann dies nicht, sollte die Frau es tun. Die Einweihung des Pastors ist ein Weg, das geistliche Leben beider Partner sowie die Beziehung zu schützen.
13. Wenn Sie Nummer 7 zum zweiten Mal überschreiten, nehmen Sie Kontakt zu Ihrem Pastor oder einem Ältesten auf, der Sie bezüglich Ihrer eingegangenen Verpflichtung, die körperliche Betätigung bei Nummer 7 nicht zu überschreiten, zur Verantwortung ziehen kann. An diesem Punkt sollten Sie zu Beziehungsunterweisung wechseln und eine dritte Partei einschalten, sonst werden Ihre Beziehung und Ihr geistliches Leben gefährdet (siehe Jakobus 5,16).

Schriftliche Verpflichtung

Wenn Sie und Ihr Partner beide bereit sind, die Voraussetzungen zu akzeptieren und sich zu einer Beziehungsdiskussion zu verpflichten, unterzeichnen Sie Ihre beiden Bücher und versehen Sie sie mit Datum.

Wenn Sie sich irgendwann absolut nicht mehr in der Lage sehen, dieses Studienprogramm fortzusetzen, machen Sie die folgende Wortstudie und geben Sie Ihrem Partner eine Kopie davon. Es muß Ihnen bewußt sein, daß es sich in diesem Fall um den ernsthaften Bruch einer Verpflichtung handelt.

Wortstudie: Gelöbnis

1. Wörterbuchdefinition eines Gelöbnises
2. Formulieren Sie die folgenden Verse in Ihren eigenen Worten:
Prediger Salomo 5, 4-5

4. Buch Mose 30,3
5. Buch Mose 23, 22-23

3. Führen Sie die Gründe auf, warum Sie Ihrer Verpflichtung nicht nachkommen wollen:

Richtlinien für monatliche Zeittabellen

Der Zweck der Zeittabellen ist es, Ihnen eine brauchbare Methode an die Hand zu geben, durch die Sie die Zeit, die Sie jeden Monat miteinander verbringen, verfolgen können. Indem Sie die Zeit, die Sie miteinander verbringen, etwas begrenzen, werden Sie das Zusammensein mehr schätzen, als wenn Sie zuviel zusammen sind. Auch steigen die zusammen verbrachte Zeit und die körperliche Betätigung gewöhnlich proportional zueinander an.

Der Mann sollte beginnen, die Tabelle zu führen, nachdem Sie beide die schriftliche Verpflichtung unterschrieben haben. Das Datum des nächsten Tages sollte im ersten oberen linken Kästchen eingetragen werden; darunter tragen Sie den Tag der Woche ein. Verfahren Sie den ganzen Monat so. Folgen Sie dem Beispiel rechts neben der Tabelle.

Zeit allein.

Dazu zählen Ihre Diskussionszeiten, wenn Sie allein zusammen sind, sei es in der Öffentlichkeit oder zu Hause. Selbst wenn andere in der Nähe sind, sind Sie allein, wenn Sie nicht mit Ihnen in Beziehung treten. Wenn Sie sich nur aufeinander konzentrieren, während Sie in einer Gruppe sind, handelt es sich ebenso um Zeit allein. Zeit allein heißt auch Kinobesuche, Mittagessen, Picknicks und lange Autofahrten.

Gruppenzeit.

Das sind Zeiten, in denen Sie beide mit anderen in Beziehung treten, wie bei Treffen mit einem anderen Paar, in der Gemeinde oder wenn Sie gemeinsam in einer Gruppe mitarbeiten. Das Schlüsselwort ist in Beziehung treten. Wenn Sie während des Mittagessens in einem Restaurant mit dem Paar am nächsten Tisch reden, treten Sie nicht in Beziehung mit ihm.

Telefonierzeit.

Mehr als dreißig Minuten dauernde Telefongespräche werden als Zeit allein festgehalten, da diese langen in die Tiefe gehenden Diskussionen einen großen Einfluß auf die Beziehung haben. Weniger als dreißig Minuten werden nicht notiert. Solcher Kontakt ist für die Beziehung hilfreich, wir möchten daher dazu ermutigen. Die Zeittabellen sind nur eines von vielen Hilfsmitteln, die Sie in diesem Studienmaterial finden, ihre Effektivität hängt jedoch davon ab, wie vollständig und aufrichtig sie geführt werden. Sie sollten sie regelmäßig gemeinsam überprüfen und sich einigen, wie die miteinander verbrachte Zeit gezählt wird. Beachten Sie den schattierten Abschnitt nach 2 Uhr nachts. Wenn Sie nach diesen Stunden zusammen sind, ist es wichtig, daß Sie sich in einer Gruppe oder in der Öffentlichkeit befinden. Dies wird Ihnen helfen, das Böse zu meiden (siehe 1. Thess.5,22).

Arbeitsblatt über moralische Freiheit

1. Formulieren Sie 1. Korinther 10,13 in Ihren eigenen Worten.
2. Zählen Sie Fluchtwege aus der Versuchung auf, die Gott bereitstellte, die Sie jedoch nicht nutzten. Denken Sie daran, daß Gott verspricht, für Fluchtwege zu sorgen.
3. Welche Schritte könnten Sie unternehmen, um eine Wiederholung zu vermeiden?
4. Sollten Sie die Zeit, die Sie allein miteinander verbringen, weiter einschränken? Ja/Nein
5. Haben Sie Ihr Versagen Gott bekannt und Ihren Partner um Vergebung gebeten? Ja/Nein
6. Schreiben Sie zwei negative Auswirkungen auf, die diese Betätigung auf Ihre Beziehung gehabt hat.
7. Was sollte tabu sein?
8. Sie sollten sechs Wochen nach Ihrer letzten sexuellen Begegnung abwarten und sich dann einem AIDS-Test unterziehen.

Arbeitsblatt über moralische Reinheit

1. Wie definiert das Wörterbuch:
   Reinheit
   Unzucht
2. Lesen Sie Epheser 5,1-17. Wie sollten wir nach der Aussage dieses Abschnitts auf Sex vor der Ehe reagieren?
3. Lesen Sie 1. Thessalonicher 4,1-7. Was ist Gottes Wille für uns?
4. Lesen Sie 1. Korinther 5,1-8. Was sollte die Gemeinde bezüglich sexueller Unmoral unter ihren Mitgliedern unternehmen?

5. Lesen Sie 1. Korinther 6,13-20. Was sollten wir tun?
6. Lesen Sie Jakobus 5,16. Ist es wichtig für uns, daß wir anderen gegenüber unsere Sünde aufrichtig bekennen?
7. Begehe ich Unzucht?
8. Was muß ich tun?
9. Es ist wichtig, daß Sie sich einem AIDS-Test unterziehen.

Treffen 1
Es war einmal

Aufgabe: Lesen Sie Kapitel 1.

Diskussionsordnung

Anmerkung: Seien Sie sich darüber im klaren, daß Ihnen der Stoff dieser ersten Treffen oberflächlich erscheinen kann, daß aber jedes Treffen zu einer Vertiefung der Beziehung beitragen wird.

1. Beginnen Sie das Treffen mit dem Gebet um Leitung und gegenseitiges Verständnis. Ich schlage vor, daß der Mann hier im Gebet leitet.
2. Wenn einer von Ihnen Kapitel 1 noch nicht ganz gelesen hat, machen Sie einen neuen Zeitpunkt für ein Treffen aus, an dem Sie beide das Kapitel beendet haben. Ziehen Sie sich bezüglich Ihrer eingegangenen Verpflichtung gegenseitig zur Verantwortung.
3. Diskutieren Sie Ihre Definitionen von Liebe sorgfältig und stellen Sie Ihre Reaktionen auf die Antworten fest.
4. Stellen Sie beim Lesen der Autobiographien Fragen und überprüfen Sie Ihre Schlußfolgerungen. Kann es sein, daß Sie sich in der Vergangenheit schon einmal getroffen haben?
5. Stellen Sie sicher, daß die Zeittabelle des laufenden Monats auf dem neuesten Stand ist und daß Sie beide mit den Angaben einverstanden sind. Sollten Sie irgendwelche Änderungen bezüglich der Zeit, die Sie miteinander verbringen, vornehmen?
6. Stellen Sie fest, auf welche Weise sich Ihre Antworten auf die Fragen zu Kapitel 1 unterscheiden.
7. Beenden Sie dieses Treffen mit Gebet.

Wortstudie – Liebe

1. Diskutieren Sie die Wörterbuch-Definition von Liebe.
2. Definieren Sie die folgenden griechischen Wörter für Liebe:
   Phileo (Liebe zwischen Freunden) Eros (körperliche Liebe) Agape (vollkommene Liebe)
3. 1. Korinther 13 beschreibt Liebe als:

Autobiographie

Geben Sie eine zweiminütige Beschreibung der folgenden Zeitabschnitte:

Kindheit
Jugend

Studien-, Ausbildungszeit
Zeit als Erwachsener

Beschreiben Sie, was für ein Mensch Sie sein wollen und was Sie in fünfzehn Jahren tun wollen.

Fragen zu Kapitel 1

1. Nennen Sie die Anzeichen dafür, daß sich eine Freundschaft zu einer Beziehung entwickelt hat?
2. Wie beeinflußt die heutige »Wegwerfgesellschaft« eine Beziehung oder Freundschaft?
3. Diskutieren Sie zwei Unterschiede zwischen Romanze und Liebe (S. 16).
4. Kann es in einer Beziehung romantische Liebe geben, ohne daß körperliche Vertraulichkeiten stattfinden? Ja/ Nein
5. Wie drückt sich solche romantische Liebe aus?
6. Entwickeln sich Beziehungen für Männer und Frauen in der Regel unterschiedlich? Erklären Sie in welcher Weise.
7. Tun Sie jede Woche etwas Besonderes füreinander, das romantische Liebe ausdrückt, ohne daß der körperliche Aspekt des Sich-Berührens dabei beteiligt ist.

Treffen 2
Die Zeit – Freund oder Feind?

Aufgabe: Lesen Sie Kapitel 2.

Diskussionsordnung

1. Beten Sie miteinander um Gottes Leitung während des Treffens und füreinander im allgemeinen.
2. Diskutieren Sie, wie Sie Ihre Freundschaft sehen. Sie müssen nicht in allem gleicher Meinung sein. Wie ein Sprichwort sagt: »Wenn Sie bei allem gleicher Meinung sind, kann es sein, daß einer von Ihnen überflüssig ist.« Der Schlüssel liegt darin, den Standpunkt des anderen zu verstehen, nicht notwendigerweise ihn zu verändern.
3. Vergegenwärtigen Sie sich noch einmal, wie Sie sich getroffen haben.
4. Überdenken Sie Kapitel 2 und stellen Sie etwaige Unterschiede bei Ihren Antworten fest. Diskutieren Sie sie gründlich.
5. Nehmen Sie sich Zeit, Ihre Antworten auf die Studie über Verpflichtung zu diskutieren. Seien Sie ehrlich, wenn Sie sich gegenseitig Ihre Gefühle mitteilen und hören Sie einander aufmerksam zu. Dies ist ein guter Zeitpunkt, um zu überprüfen, wie gut Sie miteinander kommunizieren. Dabei können Sie die Wendung benutzen: »Verstehe ich dich richtig ...« Dann wiederholen Sie, was die andere Person gerade gesagt hat. Stellen Sie fest, wie er/sie auf Ihre Schlußfolgerungen reagiert.
6. Haben Sie Nummer 7 auf der Liste über körperliche Betätigung überschritten? Wenn ja, lesen Sie das Arbeitsblatt über moralische Freiheit. Wenn Sie auf diesem Gebiet Schwierigkeiten haben, sollten Sie ernsthaft in Erwägung ziehen, die Unterstützung eines Pastors zu suchen, der Sie auf diesem Gebiet zur Verantwortung ziehen kann. Ist Ihnen die Beziehung wertvoll, sollten Sie sie unter Kontrolle bringen.
7. Überprüfen Sie die Zeittabelle des laufenden Monats und beurteilen Sie mit ihrer Hilfe, wo und wann Sie Zeit miteinander verbringen. Vermeiden Sie das Böse in jeder Gestalt (siehe 1. Thes. 5,22)? Betrachten Sie die Dinge aus der Sicht eines Dritten. Diskutieren Sie, welche Beziehung zwischen langen zusammenhängenden Zeitspannen, die Sie allein miteinander verbringen, und einer verstärkten körperlichen Betätigung besteht.
8. Nennen Sie etwas Positives, das Sie über Ihren Partner gelernt haben.
9. Überdenken Sie Ihre nächsten Aufgaben und schließen Sie mit Gebet.

Auswertung der Freundschaft

1. Wie haben Sie sich getroffen?
2. Diskutieren Sie eine Stärke und eine Schwäche Ihrer Freundschaft.
3. Wie hat die Zeit, die Sie zusammen verbrachten, Ihre gleichgeschlechtlichen Freundschaften beeinflußt?

Fragen zu Kapitel 2

1. Fassen Sie in einem Satz das Prinzip des Talley-Schaubilds zusammen.
2. Nennen Sie ein persönliches Beispiel des Prinzips.
3. Was zog Sie bei dieser Beziehung an? Was suchten Sie?
4. Was zog Ihrer Meinung nach Ihren Partner an?
5. »Zu viele aufeinanderfolgende Stunden, die man allein miteinander verbringt, können den Widerstand gegen sexuelle Versuchung schwächen« (siehe S. 21).
6. Diskutieren Sie zwei Vorteile dafür, vor der Ehe nicht intim zu werden (siehe S. 24).

Studie zu Verpflichtung

1. Wie reagieren Sie auf folgende Aussage: »Ich verpflichte mich dem Besten, das Gott für dein Leben bereithält, auch wenn dies heißt, daß ich kein Teil davon sein kann«? Können Sie dies aufrichtig zu Ihrem Partner sagen?
2. Diskutieren Sie drei Handlungsweisen, die ein Verpflichtetsein erkennen lassen:
   Von ihm, ihr gegenüber:
   Von ihr, ihm gegenüber:
3. Diskutieren Sie drei Handlungsweisen, die fehlendes Verpflichtetsein erkennen lassen:
   Von ihm, ihr gegenüber:
   Von ihr, ihm gegenüber:
4. Was ist Ihrer Meinung nach das wichtigste Zeichen des Verpflichtetseins?
5. Wie würden Sie Vertrauen beschreiben?

Treffen 3
Bloßes Zusammensein reicht nicht aus!

Aufgabe: Lesen Sie Kapitel 3 und 4.

Diskussionsordnung

1. Frauen: Beginnen Sie mit Gebet und bitten Sie Gott, Ihnen beiden zu helfen, sich den Plan vorzustellen, den er für Eure Leben hat.
2. Denken Sie über das Thema Alleinsein nach und diskutieren Sie die Vorteile des Alleinlebens und des Zusammenwohnens mit Angehörigen des gleichen Geschlechts. Teilen Sie sich gegenseitig mit, wer Ihr bester Freund gleichen Geschlechts ist und wie lange Sie schon Freunde sind.
3. Vergleichen Sie Ihre Antworten zu Kapitel 3 und 4. Konnten Sie die Fähigkeiten, die erforderlich sind, um Konflikte zu lösen, entwickeln? Diese sind für eine gute Beziehung nötig. Finden Sie auf geistlicher Ebene zueinander?
4. Überprüfen Sie gemeinsam die Zeittabelle des laufenden Monats. Stellen Sie sicher, daß sie auf dem neuesten Stand ist und daß Sie sich einig sind, wie die Zeit festgehalten wird.
5. Beten Sie und danken Sie Gott für eine besondere Eigenschaft Ihres Partners.

Alleinsein

1. Diskutieren Sie zwei Vorzüge des Alleinseins.
2. Diskutieren Sie zwei Vorzüge, die das Zusammenleben mit einem Angehörigen des gleichen Geschlechts mit sich bringt.
3. Warum war Adam einsam, wenn er doch vor dem Sündenfall vollkommen und sündlos geschaffen wurde?
4. Wie reagieren Sie auf die Aussage: »Sie sind erst für eine Beziehung bereit, wenn Sie zufrieden damit sind, allein bzw. ledig zu sein«?

Fragen zu Kapitel 3

1. Was sind nach James Fairfield zwei mögliche Reaktionen auf Konflikte (siehe Seite 40)?
2. Wie reagieren Sie, wenn Sie einem Konflikt gegenüberstehen?
3. Erzählen Sie eine Begebenheit, bei der Sie beide die Methode der »Konfliktlösung« anwendeten, um einen Konflikt unter der Führung des Heiligen Geistes zu bewältigen.
4. »Den größten Einfluß auf die Qualität und Tiefe einer Beziehung hat der geistliche Austausch« (S. 42). Diskutieren Sie diese Aussage.

5. Männer: Führen Sie und ermutigen Sie sie nach Ihrer Ansicht in den geistlichen Angelegenheiten Ihrer Beziehung? Ja/Nein
   Frauen: Finden Sie es schwierig, ihm in geistlichen Angelegenheiten zu folgen? Ja/Nein
6. Wie würden Sie sich gegenwärtig geistlich einschätzen? Kreuzen Sie eine der Möglichkeiten an.
   Schwach Durchschnittlich Gut Ausgezeichnet

Fragen zu Kapitel 4

Kreuzen Sie die zutreffenden Antworten an:

1. »Man ist für die Ehe bereit, wenn man zufrieden damit ist, ledig zu sein.« Sind Sie damit einverstanden? Ja/Nein
2. Würden Sie sagen, daß Sie in Ihrem Leben als Alleinstehender/Alleinstehende zufrieden waren, bevor Sie diese Beziehung eingingen? Ja/Nein
3. Wann ist Ihrer Meinung nach eine Person für eine Beziehung zum anderen Geschlecht bereit?

Ihr geistliches Leben

4. Ist Ihre Stille Zeit mit dem Herrn besser oder schlechter, seitdem Sie diese Beziehung begannen? Besser/Schlechter

Ihr gesellschaftliches Leben

5. Hat diese feste Freundschaft Ihre guten und vertrauten gleichgeschlechtlichen Freundschaften beeinflußt? Ja/Nein

Treffen 4
Nur eine von einer Sorte

Aufgabe: Lesen Sie Kapitel 5 und 6.

Diskussionsordnung

1. Männer: Beginnen Sie dieses Treffen mit der Bitte zu Gott, daß Sie und Ihr Partner für den Willen Gottes offen sind.
2. Tauschen Sie sich darüber aus, welche zwei Änderungen Gott in Ihrem Leben vornehmen will. Vergleichen Sie, was Gott Ihrer Meinung nach bei jedem einzelnen verändert haben möchte.
3. Diskutieren Sie die Kapitel über Selbstachtung und über die Unterschiede zwischen Mann und Frau – bitte nicht dabei streiten!
4. Haben Sie Nummer 7 auf der Liste über körperliche Nähe überschritten? Wenn nein, ermutigen Sie einander und kontrollieren Sie weiterhin die Zeit, die Sie miteinander verbringen. Wenn ja, nehmen Sie sich das Arbeitsblatt über moralische Freiheit vor.
5. Wie kommt Ihr Partner Ihrer Meinung nach mit der Beziehungsdiskussion im allgemeinen und mit Ihrer Beziehung im besonderen zurecht? Diskutieren und bewerten Sie etwaige Änderungen bezüglich der Verbindlichkeit Ihrer Beziehung. Nimmt sie zu, bleibt sie gleich oder nimmt sie ab?
6. Beten Sie laut um Änderungen, die Gott nach Meinung Ihres Partners in seinem/Ihrem Leben vornehmen will.

Selbstkorrektur

1. Diskutieren Sie zwei Änderungen, die Gott Ihrer Meinung nach in Ihrem Leben vornehmen will.
2. Diskutieren Sie zwei Änderungen, die Gott Ihrer Meinung nach im Leben Ihres Partners vornehmen will.

Fragen zu Kapitel 5

1. Ist ein positives Selbstbild für eine feste Freundschaft wichtig? Ja/Nein
2. Wie würden Sie Ihr Bild von sich selbst beschreiben? Kreuzen Sie eine der folgenden Möglichkeiten an:
   Schlecht Durchschnittlich Gut Ausgezeichnet
3. Diskutieren Sie, welche Handlungs- und Verhaltensweisen darauf hindeuten, daß eine Person wenig Selbstachtung hat.
4. Lesen Sie Psalm 139,1-6 und diskutieren Sie darüber mit Ihrem Partner.

Fragen zu Kapitel 6

1. Warum ist es Ihrer Meinung nach wichtig, die Unterschiede zwischen Mann und Frau zu diskutieren?
2. Frauen: Lesen Sie 1. Timotheus 3,1-13 und denken Sie über die Eigenschaften eines gottesfürchtigen Mannes nach.
3. Männer: Lesen Sie Sprüche 31,10-31 und denken Sie über die Eigenschaften einer tugendhaften Frau nach.
4. Diskutieren Sie Ihre Erwartungen von einem idealen Partner:
   Geistlich
   Finanziell
   Körperlich
   Emotional
   Anderes

Treffen 5
Märchen oder Wirklichkeit?

Aufgabe: Lesen Sie Kapitel 7.

Diskussionsordnung

1. Der Mann beginnt das Treffen mit Gebet.
2. Diskutieren Sie Konflikte, die bis jetzt aufgetreten sind. Sind Sie in der Lage, die Standpunkte des anderen zu verstehen und sich bei Meinungsunterschieden zu einigen?
3. Seien Sie sich beim Nachdenken über die Antworten zum Thema »Finanzen« bewußt, daß Meinungsverschiedenheiten auf diesem Gebiet ein bedeutender Scheidungsgrund sind. Diskutieren Sie dieses Thema gründlich.
4. Diskutieren Sie ausführlich die in Kapitel 7 erwähnten unrealistischen Erwartungen. Teilen Sie einander ehrlich mit, wie Sie mit unerfüllten Erwartungen umgehen.
5. Vergleichen Sie die Unterschiede in Ihrer geistlichen Beurteilung. In welchen Bereichen müssen Sie wachsen? Wie können Sie einander helfen?
6. Von jetzt an sollte das Studienmaterial Ihre Beziehung in eine tiefere Verbindlichkeit führen. Dies wird die Spannung in einigen Bereichen Ihrer Freundschaft erhöhen. Für die Entwicklung einer starken und dauerhaften Beziehung ist es jedoch wichtig zu lernen, mit Spannungen umzugehen. Ohne Schmerzen kein Gewinn.
7. Beten Sie für das geistliche Leben Ihres Partners.

Finanzen

1. War Ihr Konto im letzten Monat ausgeglichen? Ja/Nein
2. Geben Sie Ihren ungefähren Nettoverdienst im Jahr an:
3. Besitzen Sie mehr, als Sie im Jahr verdienen? Ja/Nein
4. Haben Sie im vergangenen Jahr für Ihr Haus oder Ihre Rechnungen einen neuen Kredit aufgenommen? Ja/Nein
5. Waren Sie schon einmal bankrott? Ja/Nein
6. Haben Sie ein Sparkonto mit einem Sparguthaben von über 1000 DM? Ja/Nein
7. Sind Sie in einer Rentenversicherung?
8. Haben Sie bei Verwandten Schulden? Ja/Nein
9. Geben Sie den Zehnten von Ihrem Netto- oder Bruttoeinkommen?
   Netto Brutto Keines von beiden

10. Erwarten Sie von Ihrem Partner, daß er einer Gütergemeinschaft zustimmt, wenn Sie heiraten? Ja/Nein

Geistliche Beurteilung

1. Diskutieren Sie, wie Sie Christ wurden.
2. Beschreiben Sie Ihr geistliches Wachstum in den letzten fünf Jahren.
3. Beurteilen Sie Ihr geistliches Wachstum in jedem der folgenden Bereiche, indem Sie die zutreffende Zahl in das leere Feld schreiben.
   1. Schlecht   2. Durchschnittlich   3. Gut   4. Ausgezeichnet
   ___ Stille Zeit
   ___ Gebet
   ___ Bibelverse auswendiglernen
   ___ Zeugnis geben
   ___ Beherrschung schlechter Gewohnheiten
   ___ Haushalterschaft (Zehnte)
   ___ Gottesdienstbesuch
   ___ Bibelstudium
   ___ Verantwortlichkeit

Fragen zu Kapitel 7

1. Tauschen Sie aus, wie eine Ihrer unrealistischen Erwartungen eine negative Auswirkung auf Ihre Beziehung hatte.
2. Diskutieren Sie eine in dieser Beziehung unerfüllte Erwartung.
3. Welche Schritte sind Ihrer Meinung nach notwendig, um unrealistische Erwartungen in einer Beziehung zu korrigieren?

Treffen 6
Miteinander bauen

Aufgabe: Lesen Sie Kapitel 8.

Diskussionsordnung

1. Beten Sie für die Bedürfnisse des Partners, bevor Sie die Diskussion beginnen.
2. Überprüfen Sie Ihre Bedenken gegen eine Eheschließung. Nehmen Sie sich Zeit, die Bedenken Ihres Partners zu verstehen; setzen Sie nicht voraus, daß Sie wissen, was gemeint ist. Verwenden Sie die Wendung: »Verstehe ich dich richtig ...«
3. Diskutieren Sie das Thema Wiederverheiratung, falls einer von Ihnen schon einmal verheiratet war.
4. Diskutieren Sie Kapitel 8 und Ihre Ziele ausführlich.
5. Überprüfen Sie gemeinsam die Zeittabelle des laufenden Monats und versichern Sie sich, daß Sie innerhalb der zeitlichen Begrenzungen bleiben. Aufgrund dieser gesteuerten Abmachung kann das behandelte Studienmaterial genügend bearbeitet werden und die Beziehung positiv beeinflussen.
6. Haben Sie Nummer 7 auf der Liste über körperliche Nähe überschritten? Ist die Antwort nein, ermutigen Sie einander und kontrollieren Sie weiterhin die Zeit, die Sie miteinander verbringen. Wenn ja, nehmen Sie sich das Arbeitsblatt über moralische Freiheit vor.
7. Beten Sie zusammen und denken Sie dabei besonders an die wichtigsten Bedenken Ihres Partners gegen eine Eheschließung.

Wortstudie – Ehe

1. Sprechen Sie über drei Bedenken, die Sie gegen eine Eheschließung haben.
2. Diskutieren Sie drei Vorteile, die eine Eheschließung mit sich brächte.
3. Waren Sie je an einer Schwangerschaft beteiligt?
4. Waren Sie schon einmal verheiratet? Ja/Nein
   a. Sind Sie biblisch gesehen frei, wieder zu heiraten? Ja/Nein
   b. Warum? Diskutieren Sie Matthäus 19,9; Matthäus 5,32; 1. Korinther 7,10-11; 5. Mose 24,4.

Fragen zu Kapitel 8

1. Welche Rolle spielen Ziele in Ihrem Leben?
2. Warum ist es Ihrer Meinung nach notwendig, sich Ziele zu setzen?

3. Warum ist es nach Meinung des Autors wichtig, sich Ziele zu setzen (siehe Seite 76)?
4. Welche Rolle spielen Ziele in einer Beziehung?
5. Was sind die Kennzeichen für gute Ziele (siehe Seite 79 – 80)?

Treffen 7
Vorsicht Falle!

Aufgabe: Lesen Sie Kapitel 9.

Diskussionsordnung

1. Bitten Sie Gott um Weisheit.
2. Denken Sie über das Thema Kinder nach. Seien Sie ehrlich, dies ist auch einer der Hauptscheidungsgründe!
3. Diskutieren Sie Ihre Antworten auf die Fragen zu Kapitel 9. Überprüfen Sie, wie jeder von Ihnen die Beziehung bis zu diesem Zeitpunkt sieht. Verbessert und vertieft sich Ihre Beziehung oder bewegt sie sich zurück zur Freundschaftsebene?
4. Werten Sie die Zeittabelle des laufenden Monats aus. Sollten Sie irgendwelche Änderungen vornehmen bezüglich des Zeitpunkts, des Orts und der Quantität an Zeit, die Sie miteinander verbringen?
5. Schließen Sie mit Gebet.

Kinder

1. Wünschen Sie sich Kinder? Ja/Nein
2. Haben Sie Kinder? Ja/Nein
3. Wenn Sie gemeinsam die Vormundschaft über alle Ihrer Kinder unter achtzehn Jahren hätten, wie viele Kinder hätten Sie dann?
4. Wenn Sie eine Person heiraten würden, die Kinder hat, wären Sie dann bereit, mit den Kindern zusammenzuleben? Ja/Nein
5. Sind Sie für körperliche Strafe (Tracht Prügel)? Ja/Nein

Fragen zu Kapitel 9

1. Was sagt Gott in den folgenden Versen über sexuelle Versuchung?
   1. Korinther 6,13-20; 1. Petrus 2,10-12
2. Warum geht man häufig zu schnell eine verbindliche Beziehung ein?
3. Diskutieren Sie zwei Probleme, die entstehen, wenn man zuläßt, daß eine Beziehung zerbricht.
4. Was sind Ihrer Meinung nach Gründe dafür, daß eine Beziehung zerbricht?
5. Was tun Sie, wenn Sie in Ihrer Beziehung mit sexueller Versuchung konfrontiert werden?

Treffen 8
Das perfekte Ende

Aufgabe: Lesen Sie Kapitel 10.

Diskussionsordnung

1. Beten Sie zusammen und danken Sie Gott für eine Sache, die Sie in den vergangenen vier Monaten über sich selbst gelernt haben.
2. Diskutieren Sie die Fragen zu Kapitel 10. Richten Sie Ihr Augenmerk darauf, wie wichtig es ist, daß Ihre Eltern Ihre Beziehung unterstützen.
3. Wägen Sie das Für und Wider jeder Entscheidung für eine neue Richtung ab. Entscheiden Sie, welche neue Richtung Ihre Paarbeziehung nehmen soll. Denken Sie daran, daß die Beziehung von der Person bestimmt wird, die sich ihrer Verpflichtung gegenüber der Verbindung am wenigsten sicher ist.
4. Haben Sie Nummer 7 auf der Liste über körperliche Betätigung überschritten? Wenn nein, ermutigen Sie einander. Wenn Sie Nummer 7 nicht überschritten haben, seit das Programm begann, haben Sie ein Lob verdient. Annähernd 70 Prozent der Paare, die ich beraten habe, hatten Probleme auf diesem Gebiet. Es wäre gut, die Verse auf dem Arbeitsblatt über moralische Reinheit zu überdenken.
5. Wenn Sie Probleme hatten, die körperliche Seite der Beziehung unter Kontrolle zu halten, oder wenn Sie planen zu heiraten, sollten Sie Ihren Pastor oder Berater innerhalb einer Woche aufsuchen.
6. Wenn einer von Ihnen oder beide sich aufgrund der neuen Richtung, für die Sie oder Ihr Partner sich entschieden haben, verletzt fühlt, empfehle ich die Lektüre von Büchern. Sie könnten noch einmal über die Übereinkunft zum Aufbau einer echten Freundschaft nachdenken und das freundschaftliche Verhältnis für eine kurze Zeit aufrechterhalten.
7. Beten Sie füreinander! Sie haben das Talley-Schaubild überlebt.

Fragen zu Kapitel 10

1. Diskutieren Sie, ohne das Buch zu benutzen, drei Prinzipien, die Sie beeinflußt haben.
2. Tauschen Sie aus, welchen positiven Einfluß eines dieser Prinzipien auf Ihre Beziehung ausgeübt hat:
3. Welche Möglichkeiten stehen einem Paar offen, das beschließt, nicht zu heiraten, nachdem es fest befreundet war?
4. Beurteilen Sie Ihre Stabilität in den folgenden Bereichen:
   1. Schwach 2. Durchschnittlich 3. Gut 4. Ausgezeichnet

___ Geistig
___ Emotional
___ Körperlich
___ Beziehungsmäßig
___ Finanziell

5. Diskutieren Sie zwei Einwände, die Ihre Eltern haben könnten, wenn Sie entscheiden, in sechs Monaten zu heiraten.
6. Wenn Sie dem Rat Ihrer Eltern folgten, würden Sie dann diese Person heiraten? Ja/Nein
7. Wenn Sie vorher schon einmal verheiratet waren, waren Ihre Eltern damals einverstanden? Ja/Nein

Mögliche neue Richtungen

Ihre Verpflichtung, nicht miteinander über die Ehe nachzudenken oder zu reden, ist hiermit beendet. Es ist notwendig, daß Sie nun Ihre ehrlichen Reaktionen auf jede der unten genannten Möglichkeiten für Ihre gemeinsame zukünftige Richtung diskutieren. Wie machen wir weiter? Seien Sie ehrlich!

1. Zum Freundschaftsstadium zurückgehen:
   Pro
   Contra
2. Mit Beziehungsunterweisung weitermachen:
   Pro
   Contra
3. Versöhnung mit früherem Ehepartner in Erwägung ziehen:
   Pro
   Contra
4. Heirat diskutieren:
   Pro
   Contra

Unsere Richtung

Er schlägt folgende Richtung ein:
Sie schlägt folgende Richtung ein:
Wir haben zusammen beschlossen:

Auswertung

1. Welcher Teil der Beziehungsdiskussion war für Sie am nützlichsten?
2. Welcher Teil des Studienmaterials bzw. welches Treffen war am wenigsten hilfreich?
3. Welche Änderungen würden Sie in Ihrer Beziehung vornehmen, wenn Sie noch einmal von vorne beginnen könnten?

4. Wie hat dieses Studienmaterial Ihr Leben beeinflußt? Nennen Sie zwei Beispiele.

Lieber Leser,
wenn durch die Lektüre dieses Buches in Ihnen persönliche oder seelsorgerliche Fragen aufgekommen sind, so wenden Sie sich mit diesen bitte an einen Seelsorger Ihres Vertrauens. Gerne dürfen Sie sich auch an die

Family Life Mission, Postfach 1965, 7640 Kehl

wenden, die von Walter und Ingrid Trobisch gegründet wurde. Erfahrene Seelsorger werden Ihnen antworten. Ihre Anfragen werden selbstverständlich vertraulich behandelt.